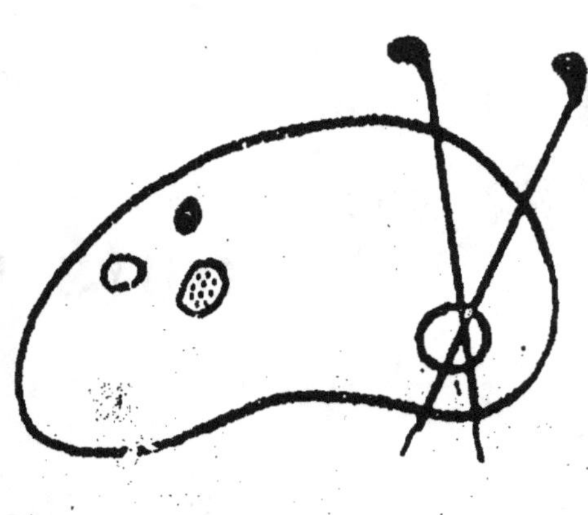

2.000 LIEUES

A TRAVERS

L'AMÉRIQUE DU SUD

PAR

LOUIS BOUSSENARD

Edition illustrée de 8 dessins de J. FÉRAT

PARIS

A LA LIBRAIRIE ILLUSTRÉE

8, RUE SAINT-JOSEPH, 8

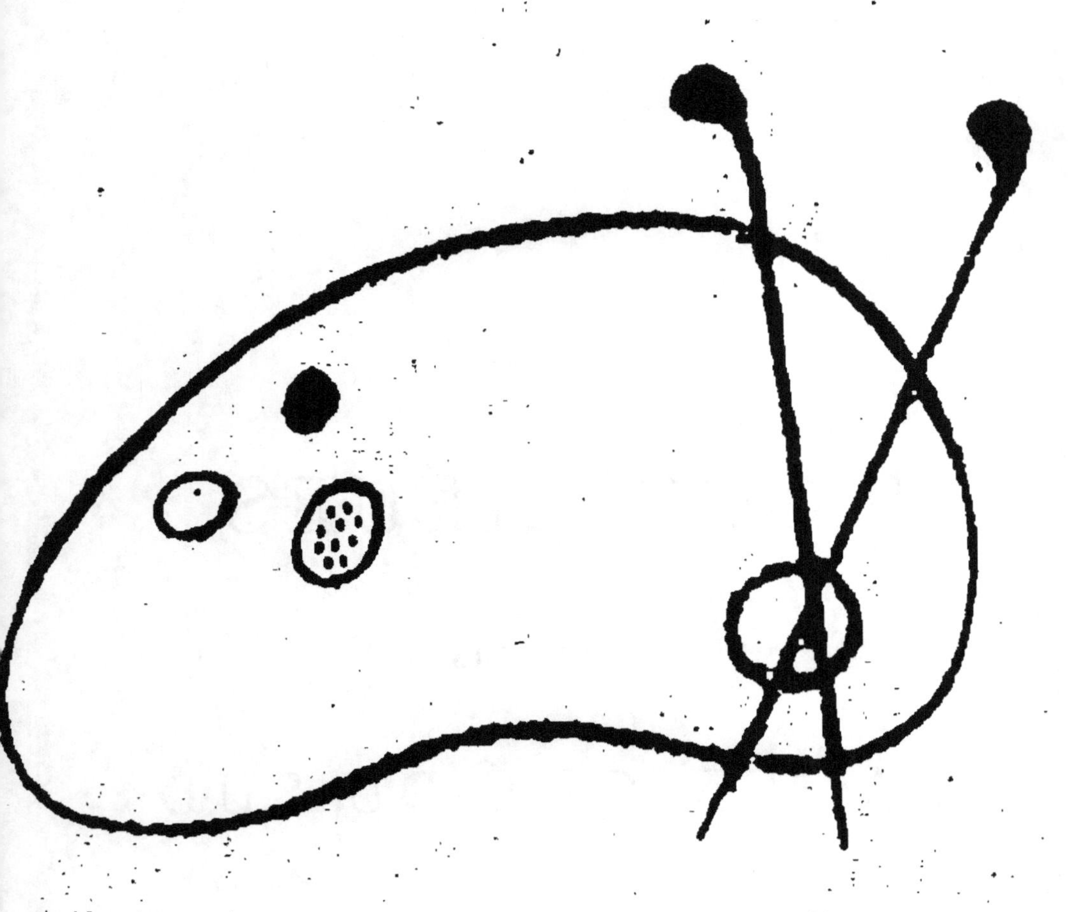

Fin d'une série de documents

2,000 LIEUES

A TRAVERS

L'AMÉRIQUE DU SUD

ÉMILE COLIN. — IMPRIMERIE DE LAGNY

Des urubus déchiquetaient un cadavre. (Page 65.)

2,000 LIEUES

A TRAVERS

L'AMÉRIQUE DU SUD

PAR

LOUIS BOUSSENARD

PARIS

A LA LIBRAIRIE ILLUSTRÉE

8, RUE SAINT-JOSEPH, 8

—

Tous droits réservés.

2000 LIEUES

A TRAVERS

L'AMÉRIQUE DU SUD[1]

CHAPITRE PREMIER

Le mystère de la gare du « Panama-Transcontinental ». — La goëlette du capitaine Bob. — Un croiseur. — Où il est question de corde et de pendu. — A quel usage l'Yankee peut-il bien destiner quatre mille fusils Remington et deux millions de cartouches. — Appareillage nocturne. — En route pour le Sud. — Monographie de la goëlette. — Bonheur et habileté du capitaine Bob. — Comment le navire de guerre manifeste sa présence. — Eclairage électrique. — Un feu à terre. — Les naufrageurs involontaires. — Le colonel Buttler !... Les deux Français.

On entend dans le lointain comme un duo de cloche et de sifflet, accompagné d'une sourde trépidation. Puis, un grand fracas de ferrailles violemment heurtées.

(1) L'épisode qui précède a pour titre : *Aventures d'un Héritier à travers le Monde.*

Le tintamarre s'accroît rapidement et devient assourdissant. L'aigre tintement de la cloche s'accélère, le sifflet mugit de plus belle, les plaques de fonte détonent comme des pièces d'artillerie, quand brusquement, le silence — un silence relatif — s'établit soudain, en plein « crescendo ».

La locomotive remorquant le train interocéanique de Colon à Panama pénètre, enveloppée d'un épais tourbillon de vapeur, dans la gare dite du « Transcontinental », en face de laquelle s'étend la *wharf* de Panama, puis, l'espace infini... Le grand océan Pacifique.

Bien américaine, cette machine, avec sa cheminée trapue, espingolée comme un énorme tromblon, avec son immense « chasse-bœufs » qui la précède, comme un soc gigantesque destiné à écarter les animaux errants sur les lignes.

Elle s'arrête quelques secondes à peine sur l'entre-voie.

Elle est aussitôt détachée du wagon de tête. Puis, en mastodonte intelligent, elle obéit à ses cornacs, deux nègres de taille athlétique, doublement noirs grâce à l'épaisse couche d'escarbilles recouvrant leur épiderme d'ébène, et qui, sans souci d'une température infernale, se tiennent pieds nus sur la tôle brûlante. La locomotive s'avance doucement, s'aiguille, revient sur une voie latérale, s'aiguille de nouveau et enfile à revers la voie qu'elle vient de quitter.

Elle retrouve le train, le prend en queue, le pousse lentement, jusqu'à l'extrême rebord du *wharf* au bas duquel vient mourir la houle immense qui, depuis les côtes de la Chine, roule sans entraves à travers quatre mille lieues d'Océan.

Le courrier de France et celui des États-Unis viennent d'arriver à Colon, il y a quatre heures. Un train spécial, préparé à l'avance, et qui n'attendait plus que la machine, a aussitôt emporté, de l'autre côté de l'Isthme, les dépêches à destination du Mexique, du Guatémala, de Costa-Rica, de Nicaragua, de la Colombie de l'Ouest, de l'Équateur, du Pérou, de la Bolivie et du Chili.

Ces dépêches emplissent trois fourgons.

A peine arrivée à Panama, cette volumineuse correspondance est déjà prête à reprendre la mer.

Les agents des postes des paquebots en partance pour ces différents pays, attendent la remise des sacs scellés contenant les dépêches.

Au bas des escaliers du *wharf* se balancent, avec le pavillon national à l'arrière, les baleinières qui doivent les conduire aux navires dont on aperçoit au large les lignes immobiles.

Ce transbordement des sacs dans les baleinières

s'opère, en temps ordinaire, avec l'énervante lenteur particulière aux pays de la zone torride, où chacun, bon gré, mal gré, après un séjour plus ou moins long, est contraint, quoi qu'il fasse, de se conformer à cette allure pittoresquement dénommée « le pas colonial ».

L'accablante chaleur des tropiques détend les nerfs les plus rigides, amollit les muscles les mieux trempés. Aussi, l'Européen lui-même, alourdi par cette température, en arrive-t-il à ne pas se presser, et à ne plus s'indigner en voyant évoluer les tardigrades auxquels il a affaire.

Or, ce jour-là, il semble qu'un vent singulier ait soufflé sur le personnel de la gare de Panama.

Chacun est à son poste, sans que, chose à peine croyable, on ne voie ni ivrognes ni retardataires.

Pendant la courte manœuvre lestement accomplie par la machine, les trois fourgons ont été vidés, leur contenu a été remis aux destinataires, et descendu dans les baleinières, sans même que les matelots préposés à cette besogne aient eu à s'en occuper.

L'agent américain du *Panama Railroad C*^{os} *Centr. Americ and Panama line*, et son collègue du *North Pacific Transportation Company* en oublient les choses désagréables qu'ils croient avoir à dire à leur concurren: allemand représentant le *Dampf-schiffahrts Gesellschaft* « Kosmos ».

On dirait véritablement que le chef de gare et ses employés, grands et petits, ont intérêt à se débarrasser du public. Chacun, en effet, accomplit sa tâche, en faisant assaut de célérité, à la satisfaction toujours croissante des voyageurs et des consignataires de marchandises, qui se trouvent, en un moment, délivrés de tous les ennuis accompagnant l'arrivée à Panama par le chemin de fer de l'Isthme.

Bientôt le personnel de la gare, au grand complet, reste seul en présence d'une longue file de wagons hermétiquement clos et soigneusement couverts de prélarts goudronnés.

— Nous sommes bien seuls, n'est-ce pas? demande alors en anglais, à un des agents supérieurs de l'exploitation, un personnage invisible jusqu'alors, et qui sort d'un fourgon, comme un diable d'une boîte à surprises.

— Yes, sir, répond brièvement l'agent.

— Les portes sont fermées?

— Vous entendez claquer les verrous et grincer les serrures.

— Bien.

» Vos hommes sont sûrs?...

— Quand on les paie.

— Vous savez que je ne marchande pas.

— Yes...

— Nul ne trouvera étrange cet isolement... ces portes closes... ce personnel occupé à une besogne mystérieuse... cette prise de possession d'un lieu habituellement ouvert au public...

— Le gouverneur de la province de Panama a ordonné...

» Nous avons double intérêt à obéir.

— Mais... les consuls !

— Ceux d'Europe font la sieste.

» Ils seront d'ailleurs plongés jusqu'à demain dans la lecture du courrier qui vient d'arriver.

» Que leur importe en somme notre... opération.

» Je n'ai pas besoin de vous parler de celui d'Amérique ; sa neutralité nous est au moins assurée.

» Quant au consul du Chili, le seul qui pourrait protester, il est malade.

« La fièvre, ou toute autre maladie singulièrement opportune le retient au lit.

— All right !

» Voici mille dollars en or pour vos hommes.

» Il y en aura autant après l'embarquement.

» .Voici, en outre, les deux mille dollars pour les chefs.

— Bien.

» Vous plaît-il de vérifier les empreintes des plombs apposés sur les wagons au départ de Colon?

— C'est inutile.

Pendant ce rapide colloque, une jolie goëlette amarrée à environ une demi-encâblure (1) du quai, s'était halée au guindeau sur son câble d'amarre et avait silencieusement accosté à tribord par le travers, de façon que sa lisse se trouvait à près de trois mètres en contre-bas du *wharf.*

Une voix éraillée sortit aussitôt des profondeurs de la cale, monta en s'amplifiant par la grande écoutille béante, et coupa net le dialogue.

— Que le diable m'emporte et vous torde le cou !

» Vous braillez comme des corneilles et ne faites rien qui vaille.

» A-t-on jamais vu pareille bordée de fainéants !

— Cet excellent capitaine Bob s'impatiente et il a raison, fit en souriant l'inconnu.

» C'est bien, compère, c'est bien, continua-t-il en s'avançant à l'extrême rebord du quai, de

(1) L'encâblure est de 120 brasses : environ 200 mètres.

façon à dominer le pont de la goëlette; encore quelques minutes.

La voix répondit par une nouvelle imprécation, puis une tête à cheveux roux, à barbe fauve, au masque brutal, émergea rapidement de l'écoutille. Les épaules suivirent naturellement, puis un torse de bison, porté sur deux jambes énormes qui ébranlèrent d'un appel sonore, les planches du « sparedeck ».

Le géant auquel appartenaient ces organes, se hissa sur le plat-bord, pendant que son interlocuteur s'aplatissait sur le quai, de manière à ne plus laisser entre les deux têtes qu'une distance d'à peine soixante centimètres.

— Bonjour, Bob, bonjour... Vous grognez donc toujours!

— Bonjour, Cyrus!

» Je grogne, c'est vrai.

» Peut-être profitai-je de mes derniers moments pour me livrer à ce passe-temps favori de mon existence.

— Que voulez-vous dire?

— Qu'il est fort possible que je ne grogne plus demain.

— La raison?

— Est que, demain, je puis être pendu.

Si maître de lui qu'il parût, l'inconnu ne put réprimer un tressaillement rapide.

— C'est donc sérieux, reprit-il d'une voix légèrement altérée.

— Si sérieux que s'il y avait moyen de différer le transport du convoi...

— Impossible!

— Je m'en doutais bien.

» Les Péruviens ne peuvent pas attendre. C'est pourquoi j'appréhende pour le fils de mon père, cette gigue finale au bout d'une tresse de chanvre.

» Fichu métier que le nôtre, en ce moment, my dear Cyrus!

— Que voulez-vous, mon brave Bob, on n'a rien sans peine, et nos profits ne sont-ils pas en rapport avec nos appétits, comme aussi avec les périls que nous courons.

» Que craignez-vous donc, en somme, pour l'instant?

— Depuis trois jours, un grand coquin de navire croise à douze ou quinze milles au large de Panama.

» Il va, vient en vue de la ville, comme un factionnaire qui fait les cent pas, sans s'écarter du lieu qu'il surveille avec une vigilance dont rien ne le distrait.

— Même la nuit ?

— Surtout la nuit.

» Au moins une fois par heure, il projette, pendant quelques minutes, un immense faisceau de lumière électrique, éclairant la rade comme en plein jour.

» Bref, s'il est impossible de tromper sa surveillance, il est également impossible de lui échapper, car il file comme un squale.

— Mais, j'ai entendu citer votre goëlette, comme étant des plus rapides parmi tous les bâtiments marchands de l'Union...

— Mon cher Cyrus, vous dites une énorme bêtise indigne d'un Yankee.

» Il est vrai que vous n'êtes pas marin.

» Mais, malheureux ! ma pauvre petite goëlette courut-elle grand largue, avec une brise carabinée et couverte de toile à culbuter la quille en l'air, n'est qu'un sabot, à côté de ce navire d'enfer.

» Ah ! que n'ai-je, aujourd'hui, un de ces vaillants *coureurs de blocus* comme nous en montions pendant la guerre de la Sécession !

» Avec une tonne de suif ou de goudron dans chaque fourneau, quarante livres sur chaque soupape, le bonnet du mécanicien sur le manomètre, nous passions où nous voulions.

» On sautait parfois, mais on arrivait toujours...

— Fût-ce au diable !

— Fût-ce au diable, répondit gravement le capitaine Bob.

» Le procédé, pas plus que la destination n'ont rien de répugnant pour un marin.

» Tandis que je suis absolument écœuré à la pensée de finir croché par le cou, à l'unique mât de ce croiseur, en me démenant comme un appareil à signaux.

» Mais, assez causé.

» J'attrape le torticolis, à parler de corde, à moins que la position inusitée que j'occupe en ce moment ne me procure cet avant-goût des joies de la pendaison.

» Eh ! vous autres, fit-il en s'adressant aux hommes de l'équipage, du nerf, mordieu !

» N'oubliez pas que si vous avez double paie, avec double ration de tabac et de wisky, vous avez double besogne et la perspective de la vie éternelle à courte échéance.

» Un dernier mot, Cyrus, continua le capitaine Bob dont les dernières paroles avaient soulevé un tapage infernal.

» Que renferme le convoi ?

— Quatre mille fusils Remington et deux millions de cartouches.

— Pesant ensemble?...

— Les fusils avec les baïonnettes, les fourreaux et l'emballage, quarante mille kilogrammes.

— C'est-à-dire quarante tonnes.

— Répartis en deux cents caisses de deux cents kilos.

— Bien... et les cartouches?

— Deux millions de cartouches, à trente grammes l'une, pèsent, si je ne me trompe, soixante mille kilos.

— Dites soixante tonnes...

» En tout, cent tonneaux de marchandises.

» Une misère.

» Je m'attendais au double.

» Mon navire, aussi peu chargé, ne calera pas plus de deux mètres... je pourrai de la sorte suivre la côte et narguer le croiseur... dussé-je m'échouer.

— Halte là! interrompit vivement le personnage répondant au nom de Cyrus.

» Il ne s'agit pas d'échouer, mais d'arriver.

» Savez-vous bien que cette cargaison représente plus de cinq cent cinquante mille francs, y compris le transport jusqu'ici, avec les... gracieusetés à l'adresse des autorités fédérales et du personnel de la gare.

— Vous aventurez seulement la moitié de cette

somme, puisque nous sommes co-propriétaires de la totalité du chargement.

» Moi, je risque ma peau, et j'ai la faiblesse d'y tenir.

— Capitaine Bob, vous ne serez pas seul à sacrifier votre cuir de vieux marsouin, car, je m'embarque avec vous.

— Vraiment!... Eh bien, bravo! Cyrus.

» Vous n'êtes pas marin, c'est vrai; mais, by God! vous êtes un rude homme.

— C'est la moindre des choses que je partage vos périls.

» Dans combien de temps comptez-vous partir?

— Mais, à la façon dont se trémoussent ces braves garçons, je suppose que le transbordement et l'arrimage seront terminés dans quatre heures.

» Puis, je largue ma toile.

— Vous appareillerez la nuit!

— Parbleu! puisqu'il s'agit simplement de ranger la côte.

— La connaissez-vous suffisamment, au moins, cette côte?

— Comme un pilote.

— Et le croiseur?

— Son tirant d'eau l'empêchera de nous joindre.

— S'il nous coule à coups de canon ?

— J'espère bien lui échapper grâce à mon appareillage nocturne.

— S'il nous coule en dépit de tout !

— C'est que notre heure sera venue.

» Vous devenez assommant, Cyrus.

» Retournez donc près des wagons; moi, je descends à la cale surveiller l'arrimage, de façon à obtenir une répartition de poids qui me permette d'atteindre mon maximum de vitesse, en calant le moins possible.

Le capitaine Bob a dit vrai.

Sur le quai, dans les wagons, à bord de la goëlette, matelots et employés de chemin de fer rivalisent d'efforts. Les palans grincent, les poulies ronflent, les élingues gémissent, pendant que les caisses à fusils, longues et étroites comme des cercueils, accomplissent leur course aérienne, montent rapidement, et descendent posément jusque dans la coque du navire.

Puis, apparaissent les caisses à cartouches, lourdes, courtes, trapues, en bois épais, que culbutent les noirs avec une inconcevable brutalité, au risque d'explosions terribles.

La nuit arrive bientôt avec cette brusquerie particulière aux régions intertropicales.

La besogne n'en continue pas moins à la lueur

des falots, avec cet acharnement que mettent au travail les nègres quand ils sont excités, et... quand ils travaillent.

A huit heures, montre en main, ce transbordement, commencé à quatre heures de l'après-midi, est entièrement terminé; les panneaux des écoutilles sont en place, la voilure est orientée, et la goëlette parée à prendre la mer.

En même temps, cette portion de la gare où s'est opéré ce mystérieux travail, s'ouvre de nouveau au public, et le train-train des affaires reprend avec sa nonchalance habituelle, après ce coup de collier qui semble avoir cassé les jambes et les bras aux employés du « Panama Transcontinental ».

On n'avait pas revu le navire dont l'apparition intriguait, inquiétait surtout le capitaine Bob et lui faisait appréhender toutes sortes d'éventualités désagréables.

Pendant toute la durée du chargement, la vigie n'avait pas vu ses formes élancées se découper sur la ligne d'horizon, et son panache de fumée s'étaler sur le bleu pâle du ciel.

Enfin, chose plus étonnante encore, l'éblouissant faisceau de lumière que projetait, à chaque instant, pendant les nuits précédentes, sa machine électrique, n'avait pas encore troué l'épaisse

couche de ténèbres enveloppant la région tout
entière.

Cette absence, loin de dérider le colosse, aug-
mentait encore, s'il est possible, la mauvaise
humeur qui lui semblait habituelle.

Il n'en prit pas moins ses mesures pour l'appareillage, avec toutes ces petites minuties, in-
compréhensibles pour un profane, mais indi-
quant un marin accompli.

Puis, comme si c'eût été la chose la plus simple
du monde, que cet appareillage par une nuit
pareille, il se mit à la barre, fit haler la goëlette
au corps mort, profita de la première risée qui
gonfla sa voilure, et qui, par bonheur, soufflait
du Nord-Est. Puis, il sortit tranquillement de
la rade, en ayant soin de ne pas allumer se
feux réglementaires.

Le léger bâtiment, obéissant avec docilité à la
main qui le guidait, fit une pointe hardie vers la
haute mer, pour trouver le vent, à la façon des
oiseaux grands voiliers qui ont besoin d'un élan,
pour prendre leur envolée.

Puis, il obliqua gracieusement vers la côte, et
la rangea à cinq ou six encablures seulement, de
manière à utiliser le courant qui longe du Nord
au Sud l'Amérique méridionale, depuis Panama
jusqu'à Chiloë, au Sud du Chili.

Il est à supposer que la route à suivre devait concorder invariablement avec la direction de ce courant, et cela, pour deux motifs.

C'est que d'une part, le capitaine Bob employait toute son habileté à éviter le contre-courant qui côtoie le premier du Sud au Nord, sans pourtant que leurs eaux se mêlent. La rencontre de ce dernier eût vivement contrarié la marche du navire, au point de le drosser vers la haute mer, en dépit de la brise.

D'autre part, le capitaine avait d'excellentes raisons pour ne pas s'éloigner des côtes, étant donné la disparition subite, et à tout prendre, singulière du croiseur dont la vue lui avait causé de si vives alarmes.

Avec son instinct d'homme habitué à des besognes suspectes, il sentait vaguement, dans un périmètre plus ou moins vaste, la présence du bâtiment de guerre, à la façon dont les braconniers et les contrebandiers éventent, pour ainsi dire, le gendarme et le douanier.

Aussi, obéissant à ces deux raisons, le capitaine, malgré la proximité du rivage, sans souci des ténèbres de plus en plus épaisses, naviguait-il toutes voiles dehors, avec cette témérité américaine, à laquelle manquent, trop souvent, hélas! les garanties offertes par l'expérience.

Tel cependant n'était pas le cas.

Le géant manœuvrait avec une habileté consommée sa coquille de noix dont le pont s'inclinait à plus de 35° et qui, avec ses vergues écrêtait les lames, pendant que sous ses blanches voiles frémissantes, elle courait, comme un monstrueux oiseau de mer, à travers les ravins mouvants creusés par la houle.

Une telle allure, à pareille heure, et en pareil lieu était pour le moins périlleuse.

En effet, la goëlette, que l'on pourrait appeler la périssoire de l'Océan, est un petit navire élégant, élancé, léger de formes et déployant au vent une telle envergure de toile, que l'on serait en droit de se demander comment il ose affronter la pleine mer, et les risques de la navigation au long cours.

Ces appréhensions ne manquent malheureusement pas de fondement.

Si cette surface démesurée de voilure donne à la « périssoire » une vitesse considérable, elle lui est parfois fatale. Car le bâtiment chavire en un moment quand, surpris par un grain ou une saute de vent, les voiles n'ont pu être carguées en temps et lieu.

Mais les Américains n'y regardent pas de si près.

La goëlette n'a que deux mâts gracieusement inclinés en arrière, plus le beaupré, naturellement. Le gréement de ces deux mâts se compose de deux immenses basses voiles trapézoïdales et de deux hautes voiles généralement triangulaires, à la manœuvre desquelles suffisent largement cinq hommes, celle des focs comprise.

Trouvant là l'occasion de réaliser une double économie, en ce sens que, avec un personnel ainsi réduit, le *pilot-boat* — c'est le nom qu'ils donnent à la goëlette, — atteint une rapidité inconnue aux trois mâts, ils s'en servent généralement quand ils n'emploient pas la vapeur.

Aussi, la conduite d'un pareil navire exige non seulement de l'habileté, mais encore du bonheur.

Or, le capitaine Bob fut à la fois heureux et habile, car la goëlette, sans être retardée par les ténèbres rendant plus dangereux le voisinage des côtes, courut toute la nuit, de façon à conserver la vitesse énorme de neuf nœuds et demi, soit dix-huit kilomètres à l'heure.

Elle se trouvait, au point du jour, en face d'une baie déserte appelée Cocalita, et située sur la côte Colombienne par 7° 20′ de latitude Nord.

Le capitaine vint y jeter l'ancre, résolu de s'y abriter pendant tout le jour et de reprendre sa marche aussitôt la nuit arrivée. Espérant alors avoir dépisté le croiseur, il continuerait invariablement sa course jusqu'à destination.

Le petit navire dérapa en pleine nuit, avec autant de bonheur qu'au sortir de Panama, et courut grand largue jusqu'au matin.

Mais, au lieu de renouveler la prudente manœuvre de la veille, l'Américain voyant que la brise tenait bon, marcha quand même toute la journée, et fit tant et si bien, qu'il reconnut par tribord à l'avant, la petite île de Gorgona (1), au moment où le soleil disparaissait.

Parvenu sans encombre à plus de six cents kilomètres de Panama, le capitaine Bob était en droit de se croire sauvé. Quelle apparence, en effet, que le navire de guerre se fût ainsi amusé à convoyer dans l'ombre cette coquille de noix, sans même essayer de la joindre.

Aussi, était-il d'excellente humeur, ce digne capitaine, et pour témoigner sa joie, il avait convié l'équipage à l'absorption d'un grog énorme, dont l'annonce fit pousser aux matelots un hourra retentissant.

Puis, la petite fête commença au milieu de chants et de cris joyeux, et se continua jusqu'à neuf heures, avec un crescendo prouvant en

____

(1) Située sous le 3ᵉ parallèle, à douze milles environ de la côte Colombienne.

faveur du wisky du bord et du gosier des vir
tuoses.

Le capitaine, faisant trêve à ses éternels gro-
gnements, se frottait les mains et trouvait que
tout était pour le mieux dans le meilleur des
mondes, quand une rauque imprécation s'échappa
soudain de sa gorge.

Au loin, sur la haute mer, au ras des vagues
dont les facettes mobiles flamboyèrent aussitôt,
surgit brusquement un long faisceau lumineux
d'un incomparable éclat.

— Que le Diable nous emporte et effondre ce
cachalot de malheur!

— C'est le croiseur, n'est-ce pas? fit le passager
qui reposait allongé sur une claire-voie.

— Pardieu!... et il nous voit comme en plein
jour, le mécréant!

— Croyez-vous?

— Eh! mordieu, ne sommes-nous pas au beau
milieu du cône de lumière que sa damnée machine électrique darde sur nous, comme une
chevelure de comète.

— Heureusement qu'il ne peut pas nous suivre
jusque sur ces hauts-fonds...

— Et s'il lui prend fantaisie de nous couler!

» Croyez-vous que ses canons soient chargés
avec des melons d'eau!

— Mais, il est au moins à quatre milles de nous

— Qu'importe ! son artillerie est formidable.

— Comment le savez-vous?

— Parce que ce navire ne peut être que le *Cochrane*, un des plus redoutables cuirassés de la flotte chilienne.

» Voyez ! Il semble si sûr de nous crocher demain dans la journée, qu'il éteint tranquillement sa lumière, comme un bon bourgeois qui va se coucher, sans même daigner nous honorer d'un coup de canon.

— Mille diables ! Qu'allons-nous devenir?

— Allons, c'était écrit !... nous serons pendus et la goëlette confisquée avec son chargement.

— J'aimerais mieux allumer deux barils de wisky dans la cale, développer en un moment un incendie terrible, lancer la goëlette sur le monstre de métal et sauter avec lui.

— Le commandant ne sera pas si simple que de nous laisser arriver.

— Alors, nous sommes perdus...

— A moins de nous échouer.

— Ce qui est la ruine...

— ... De nos intérêts matériels, mais la sauvegarde de notre peau.

» Tiens !... Ah ! bravo !

— Quoi donc?

— Nous ne serons peut-être ni ruinés ni pendus.

» Voyez-vous cette lumière rougeâtre, là, par bâbord, dans la direction de la terre.

·— Vaguement.

» Je suis encore tout ébloui de l'aparition et de la disparition de la lumière électrique.

— Ou je me trompe fort, ou cette lumière est le fanal qui éclaire parfois l'entrée du petit port de Burro.

— Eh! qu'importe cette rade avec son feu qui brûle de temps en temps.

— Elle est sûre, peu profonde, et par cela même inaccessible au cuirassé.

» Nous allons nous y réfugier et je vais, pour cela, mettre sans plus tarder le cap sur la lueur.

— Si le croiseur nous canonne demain au jour.

· — Burro, situé sur le delta du Rio-Iscuandé, en face la ville du même nom, est un village colombien.

» Le Chili a trop à faire avec le Pérou pour se créer des difficultés avec la Colombie.

— Si pourtant on veut nous envoyer une ou plusieurs embarcations et nous soumettre à la visite.

— J'ai quelques torpilles à bord avec deux scaphandres... je ferai sauter les embarcations.

— Vous avez réponse à tout ; faites donc pour le mieux.

Le capitaine qui, dès le début de l'entretien, avait saisi la barre, ne répondit pas.

Pendant près d'une demi-heure, il conserva un mutisme absolu et demeura absorbé dans la conduite de son bâtiment qui, maintenant, filait droit à la côte.

La lueur grandissait rapidement, et le capitaine, tout étonné de ne pas trouver la passe, allait modifier sa direction, quand un bruit de ressac se fit entendre à l'avant.

En même temps, la goëlette, saisie par un tourbillon d'une violence inouïe, tourna sur elle-même, en dépit de l'effort des voiles et de la barre et vint s'écraser sur une roche à fleur d'eau.

Aux cris terribles poussés par l'équipage, répondirent d'autres cris venant de terre. La côte était là, à quelques brasses.

En même temps, plusieurs hommes, couchés près d'un grand feu qui brûlait sur une petite éminence à peine éloignée de deux cents mètres, accouraient au secours des naufragés, en brandissant des tisons pour éclairer leur marche.

Le capitaine Bob, hurlant et rugissant, s'arrachait la barbe et les cheveux.

— Malheur aux misérables qui, en allumant ce

feu, ont causé notre perte, en me faisant croire que j'étais devant Burro!

» Je veux les mettre en morceaux!...

» A moi!... Garçon, à moi!

Cependant, les inconnus qui étaient la cause bien involontaire de la catastrophe s'empressaient d'offrir leurs services, sans pouvoir s'expliquer les vociférations et l'attitude menaçante des hommes qui s'étaient élancés de la goëlette éventrée sur le roc, et de là sur la terre ferme.

La lueur des tisons qui flambaient comme des torches, permettait de distinguer, comme en plein jour, leurs traits reflétant l'expression de la plus vive commisération.

Puis un nouveau cri plus vibrant, plus sauvage que tous les autres, échappa à l'associé du capitaine.

— Mille tonnerres!... mes deux Français!

» Le comte de Clénay... son ami Jacques Arnaud.

— Le colonel Buttler! répondirent les deux amis au comble de la stupeur.

— Ah! mordieu! je vous retrouve enfin... Et dans quel moment!

» Nous ne sommes pas ici à *Palace-Hotel* et je ne voudrais pas, pour beaucoup, être dans votre peau.

CHAPITRE II

L'Odyssée du colonel Buttler. — La haine d'un homme qui rattrape le temps perdu. — Le capitaine Bob heureux d'apprendre que ses prisonniers sont riches. — Arithmétique de pirates. — Les injures se paient à part. — Le capitaine Bob, escomptant les millions, est traité de balourd par les deux Français qu'il croit intimider. — L'autorité est à qui la paie ou à qui la rosse. — Un plan. — Le gardien de la mystérieuse forteresse. — Séquestration. — Horrible vengeance. — Dans la léproserie!

Spéculateur forcené, rongé d'ambitions inassouvies, nourrissant des espérances toujours irréalisées, le colonel Buttler, en véritable Yankee, avait ignoré la haine jusqu'au jour où la fatalité le mit en présence de Jacques Arnaud et de Julien de Clénay.

La haine, pour un homme aussi occupé, est un sentiment trop absorbant. Cela tient de la place, dans la vie, et il faut avoir des loisirs pour s'y laisser aller.

Mais, la suprême injure que Jacques lui lança à la face à San-Francisco, dans le petit apparte-ment de *Palace-Hotel,* le refus du Français de se battre avec lui, les conséquences probables de ce refus ignominieux, exploité par la partie adverse contre l'élection de Mr. Wells, la catastrophe qui suivit, et dont le colonel fut la première victime, tout concourut à faire pénétrer dans l'âme du mi-sérable un sentiment qu'il ne connaissait pas.

Insulté jusqu'à la bride, il eût vraisemblable-ment digéré l'affront, si ses projets relatifs à Mr. Wells avaient réussi. Le succès, pour de tels personnages, est une panacée souveraine.

Leur conscience étant toujours en repos, ils n'ont plus, après fortune faite, qu'à acheter la considération. Chose facile, surtout en Amérique, où tout est à vendre.

Mais, cet effondrement complet, en le mettant dans la nécessité de recommencer sa vie, à l'âge où l'homme regarde déjà, non sans inquiétude le chemin parcouru, lui inspira une de ces haines froides, tenaces, envahissantes contre les auteurs de son désastre.

Forcément éloigné du jour au lendemain des multiples conceptions qui le sollicitaient sans cesse, son esprit inoccupé resta en proie à cette haine qui bientôt remplaça, ou plutôt absorba tout le reste.

Le colonel n'eut plus dès lors qu'une pensée : Devenir riche à tout prix et le plus tôt possible, afin de pouvoir tirer de ses ennemis une vengeance originale et féroce. Quelque chose de bien américain.

Il faillit débuter par un coup de maître.

Connaissant le projet des deux amis de se rendre au Brésil par terre, sachant qu'ils devaient atteindre par le chemin de fer Arizona-City, et traverser ensuite le Mexique, il partit de San-Francisco douze heures avant eux, arriva de même à Arizona, soudoya une demi-douzaine de sacripants, leur promit monts et merveilles et les décida sans peine à dresser une embuscade aux deux voyageurs.

Il s'agissait de les prendre vivants, de les soumettre aux plus épouvantables tortures pour leur arracher une rançon énorme, puis de les faire périr au milieu des supplices raffinés empruntés aux Peaux-Rouges, ces tortionnaires de génie, chez lesquels le colonel avait jadis habité.

On a vu comment cet audacieux projet faillit réussir, non loin de la venta de Caborqueñas située près de la petite ville mexicaine d'Altar.

Cet échec, loin de décourager l'aventurier, fut un nouveau stimulant pour lui. Mais, comprenant qu'une trop grande précipitation serait nuisible à ses projets, il résolut d'ajourner, pour le moment, toute nouvelle tentative, sachant bien qu'il retrouverait, en temps et lieu, les deux amis.

Il s'en vint alors à Guaymas sans but arrêté, et obéissant à une de ces impulsions contre lesquelles il est impossible de réagir. Il retrouva le capitaine Bob, un vieux complice en compagnie duquel il avait jadis rôti le balai et probablement effleuré de bien près la corde.

Le capitaine faisait en ce moment la contrebande entre les Républiques de l'Amérique centrale, un métier de galérien, disait-il, et qui le faisait à peine vivoter.

Le Chili et le Pérou étaient alors en guerre, et la lutte entre les deux pays prenait sur terre et sur mer une intensité de jour en jour plus violente.

De part et d'autre, on armait avec une hâte fiévreuse. Le Pérou, surtout, qui manquait d'armes et dont les arsenaux étaient vides, achetait partout et à tout prix.

Les deux compères qui n'avaient pas un sou vaillant, flairèrent, dans ce conflit, une occasion de fortune facile et rapide.

Le hasard, en les mettant en relations avec le

consul du Pérou à Guaymas, les servit d'autant mieux, que celui-ci venait de recevoir une circulaire de son gouvernement, enjoignant à tous ses agents de recruter du matériel de guerre.

Il leur proposa carrément d'entreprendre une fourniture, et comme ils acceptèrent sans la moindre hésitation, le consul s'empressa de leur donner des lettres de crédit pour les agents diplomatiques du Pérou aux États-Unis.

Le capitaine Bob avait un équipage sous la main. Il approvisionna séance tenante sa goëlette, leva l'ancre sans désemparer, amena le colonel à Panama, et s'installa tranquillement au mouillage, pendant que son associé prenait le chemin de fer, arrivait à Colon, s'embarquait pour la Nouvelle-Orléans par le premier paquebot, s'abouchait avec des manufacturiers, retrouvait pour un moment sa verve d'autrefois, et finalement concluait un marché dans lequel chacun devait trouver son compte : fabricants, intermédiaires et belligérants.

Il ramena lui-même son convoi, surveilla le transbordement à Colon, prévint par dépêche le capitaine Bob d'avoir à se tenir prêt, et présida, comme on l'a vu précédemment, au chargement de la goëlette.

Tout marchait donc à souhait. Encore quelques

jours et le précieux matériel, si impatiemment at-
tendu pour armer les milices péruviennes, trom-
pant la vigilance des croiseurs, entrerait triomphalement dans le port du Callao.

On comprend sans peine la fureur du colonel et
de son associé, au moment où, voyant leurs espérances anéanties par le naufrage de la goëlette, il
reconnut, dans les auteurs inconscients de la catastrophe, ceux auxquels il avait voué une haine
implacable.

Jacques et Julien, accourus sans armes sur le
lieu du sinistre, furent appréhendés brutalement
par les matelots, garrottés en un clin d'œil, et mis
dans l'imposibilité absolue de s'échapper.

Le soudaineté de l'attaque, la surprise bien naturelle causée par une pareille rencontre, et dans
de telles circonstances, cette agression elle-même,
opérée par des gens auxquels ils croyaient porter
secours, tout enfin, concourut à enlever aux deux
amis les moyens de défense les plus élémentaires.

Derrière eux accouraient, avec de grands cris,
plusieurs métis que leurs costumes faisaient reconnaître pour des *arrieros* colombiens.

Leurs hommes d'escorte, probablement.

Tristes personnages et piteuse escorte. Car les
drôles, à la vue de leurs maîtres en si déplorable
état, tournèrent aussitôt les talons, s'enfuirent

dans la direction du foyer qui flambait toujours et l'éteignirent en un moment.

On entendit ensuite, à travers la nuit, quelques ébrouements de bêtes de somme mal éveillées, quelques heurts de sabots sur les cailloux, puis, le silence se fit.

Jacques et Julien, à la vue de cette double lâcheté, haussèrent les épaules autant que le permettaient leurs entraves, et gardèrent un silence dédaigneux.

Deux matelots avaient ramassé les torches, et se tenaient debout, éclairant cette scène lugubre, dont les acteurs se lançaient des regards farouches, précurseurs d'une véritable explosion.

Elle fut provoquée avec une violence inouïe par le colonel, qui, perdant toute mesure, se mit à invectiver les prisonniers avec une grossièreté sans égale, et à les couvrir d'épithètes ordurières avec une surabondance inusitée, surtout chez un Yankee.

Il hurlait, montrait le poing, hoquetait, râlait, tourmentait la batterie de son revolver, puis, reprenait haleine pour recommencer de plus belle.

La hautaine impassibilité des deux amis ne se démentit pas un moment.

— Putois !... Vermines !... Pourceaux !... vociférait le misérable, j'aurai votre peau...

» Je veux l'enlever par lambeaux... de votre carcasse maudite !

» Je veux vous faire déchiqueter miette à miette aux insectes.

» Ah ! nous verrons alors, ce que deviendra cette belle indifférence.

Un gros rire, fort irrévérencieux, ma foi, échappé au capitaine Bob, arrêta cette écœurante série.

— Vous êtes fou ! Cyrus, exclama le géant.

— C'est vrai... je suis fou de rage.

— La belle avance !

» Vous voyez bien que les gentlemen ne paraissent même pas s'apercevoir de notre présence.

— J'ai des moyens pour les faire parler.

— Moi aussi, pardieu !

— Eh ! bien, qui nous empêche de les mettre en œuvre ?

— Doucement, s'il vous plaît, compère.

» Je les connais, vos procédés... ils valent les miens.

» C'est-à-dire que, un homme, après être passé par nos mains, n'est plus bon qu'à jeter aux requins.

— Mais, que voulez-vous donc faire de ces deux rascals ?

— Leur faire payer les pots cassés, si leurs moyens le leur permettent.

» Je suis un homme pratique, moi !

» By God ! En assistant tout à l'heure à l'éven-
trement de ma pauvre goëlette, j'étais, je dois l'a-
vouer, non moins furieux que vous.

» Mais la vue de votre ridicule accès de colère,
l'audition de toutes les stupidités que vous venez
de débiter, m'ont rappelé au sang-froid.

— Ce n'est pas, croyez-le bien, seulement leur
fortune, que j'exige !

— Vous êtes insatiable.

» Moi, je demande simplement qu'ils nous paient
le prix de la goëlette, avec celui du chargement.

» Ils seront ensuite libres d'aller au Diable, si
bon leur semble.

— Mais, je ne veux pas, moi !

» Ou plutôt, cela ne me suffit pas.

— By God ! que vous faut-il donc encore ?

— La rançon des tortures que je veux leur imposer...

» Le rachat de chaque goutte de leur sang... de
chaque lambeau de leur chair.

» Je veux qu'il paient les heures d'angoisses
pendant lesquelles ils souffriront tout... Vous entendez : Tout ce que la bête humaine peut endurer.

— Savez-bien, compère, que les gentlemen ae-
vront être diablement riches, pour s'offrir des

choses aussi chères, continua imperturbablement le capitaine Bob.

— Mais, ignorez-vous donc qu'ils sont opulents... jusqu'à l'absurdité !

» Celui-là surtout, fit-il en désignant du doigt Jacques, plus froid et plus dédaigneux que jamais.

— Eh ! que ne le disiez-vous plus tôt !

» Vous êtes là à piailler comme une vieille squaw Peau-Rouge occupée à torturer un prisonnier.

» Les affaires sont les affaires, que Diable ! Et le temps est de l'argent.

» Voyons, au fait.

« Moi, je vais droit au but, sans embardées.

» Je ne vous demande pas d'où vous connaissez les gentlemen, ni comment vous possédez la notion de leurs moyens pécuniaires.

» Ils sont riches, et cela me suffit.

» Laissez-moi leur parler.

» Vous êtes trop nerveux, pour entamer une négociation de cette importance.

» Voyons, gentlemen, dit-il en s'adressant plus particulièrement à Jacques, n'est-ce pas, que vous ne demandez pas mieux de nous dédommager du préjudice que vous nous avez causé.

— Encore, faudrait-il connaître la nature du

préjudice et le chiffre de vos prétentions, répondit froidement celui-ci.

» Nous sommes ici, mon ami et moi, retenus au mépris du droit des gens, garrottés comme des malfaiteurs, et sous le coup de menaces qui ne nous émeuvent guère, d'ailleurs, bien qu'elles soient proférées par le plus sinistre de tous les bandits.

— By God !... Voilà qui est parler.

» Je suis absolument de votre avis, sauf pourtant avec certaines réserves relatives à l'opinion que vous professez pour mon compagnon, l'honorable colonel Buttler.

» La nature du préjudice ?

» La voic : C'est que j'ai confondu tout à l'heure le foyer autour duquel vous étiez probablement couchés, avec le feu de la rade de Burro.

» J'ai mis le cap sur cette lueur trompeuse et ma goëlette est venu s'écraser sur les rochers de la côte.

» Vous êtes donc la cause directe, essentielle de notre naufrage.

— C'est vous le capitaine ?

— Le capitaine Bob... pour vous servir.

— Eh ! bien ! continua ironiquement Jacques, je tiens à vous dire, capitaine Bob, que vous êtes un logicien de premier ordre.

— N'est-ce pas !

— Aussi, ne répondrai-je rien à votre argument, tant il me semble irrésistible.

— Vous vous reconnaissez donc coupable de la catastrophe.

— Je reconnais surtout que vous êtes le drôle le plus éhonté qui puisse prétendre au titre de coquin.

— Les injures se paient à part, gentleman.

— Faites donc votre prix.

— Ma goëlette, excellente marcheuse, était parfaite pour le service auquel je l'employais.

« J'aurai bien du mal à la remplacer.

» Mettons deux cent mille francs pour en acheter une autre et atténuer mes regrets.

— En vérité, c'est pour rien !

— C'est suffisant.

» Moi, voyez-vous, je suis consciencieux en affaires.

» Mettons, en outre, cinq cent mille francs pour le prix de la cargaison.

— Qui se composait?...

— De cartouches et de fusils Remington pour le gouvernement péruvien.

— Ah ! bah !

— Cela vous étonne ?

— Je l'avoue : car vous semblez plutôt des for-

bans en rupture de potence, que d'honnêtes con_
voyeurs de matériel de guerre.

— Les apparences sont souvent trompeuses,
riposta sentencieusement le capitaine Bob.

— Cinq cent mille et deux cent mille, reprit
Jacques, égalent, sept cent mille, en bonne arithmétique.

» Est-ce tout?

— Allons donc l Vous voulez rire.

» Nous n'avons seulement pas atteint le chiffre
d'un million l

» Ce petit compte préliminaire n'est pour ainsi
dire que le hors-d'œuvre.

— Ah l fort bien.

» Et vous comptez comme cela nous en demander beaucoup de ces millions?

— Mais, oui... et qui plus est les obtenir.

— Cela me paraît plus difficile.

— Refuseriez-vous déjà?

— Parbleu l

» Savez-vous bien, que pour un Américain,
vous êtes un balourd de la dernière naïveté.

» Ne voyez-vous donc pas que, depuis un quart
d'heure, je me moque de vous à votre nez, à votre
barbe l

— C'est fort possible ; on dit que les hommes de
votre pays manient si finement l'ironie, que mon

épiderme de crocodile n'a pas senti la pointe de
vos railleries.

» Eh bien! Riez donc et moquez-vous tout à
votre aise, monsieur le Français.

» Je vous promets, tout balourd que je suis, de
vous faire capituler avant peu, nonobstant votre
esprit.

— Essayez !

— Dans un moment.

» Laissez-moi conférer avec mon compère et
lui soumettre mon plan...

» Un plan superbe... infaillible.

» Vous verrez.

A ces mots, le capitaine Bob fit un signe rapide
à son complice blême de fureur, l'emmena à
quelques pas, et l'entretint à demi-voix.

Le conciliabule dura trois ou quatre minutes,
puis le diapason s'élevant peu à peu, Jacques et
Julien purent saisir quelques mots.

— Ainsi, disait le colonel, vous êtes certain que
nous ne sommes pas à plus de trois milles de
Burro?

— Absolument certain.

— Et l'établissement où vous comptez les en-
fermer, en attendant qu'ils capitulent...

— N'est qu'à un demi-mille.

— Parfait.

» Mais, les autorités ne voudront-elles pas être édifiées sur les motifs de cette séquestration ?

Le capitaine Bob eut un rire bruyant.

— Vous savez pourtant que, dans ces jolis pays, l'autorité est à qui la paie... ou à qui la rosse.

» N'avons-nous pas, en violation flagrante des lois internationales de la neutralité, fait traverser à notre convoi d'armes l'État fédéral de Panama !

» A défaut de dollars, j'ai ici mes lascars qui, sur un signe de moi, mettront, s'il m'en prend fantaisie, la bourgade à sac.

— Vous avez réponse à tout, et je souscris sans réserve à votre projet.

Ils revenaient, en prononçant ces dernières paroles, près des prisonniers gardés par plusieurs matelots, porteurs de véritables têtes de pirates.

— Ainsi, voilà qui est entendu, reprit de son accent brutal le capitaine Bob, vous refusez d'entrer en arrangement ?

— Nous refusons avec la dernière énergie, firent d'une seule voix Jacques et Julien.

— Perfectly well ! je m'y attendais.

» J'ai pensé, en conséquence, à vous offrir l'hospitalité dans un endroit où vous aurez le loisir de faire de salutaires réflexions.

» N'est-ce pas, Cyrus ?

— Salutaires en effet, gronda le bandit.

» Car, elles les feront capituler sans condition et peut-être alors seront-ils trop heureux d'offrir leur fortune, en échange, non pas de la vie sauve, mais d'une mort rapide.

— Que comptez-vous donc faire de nous? demanda Julien avec fermeté, bien que l'accent sinistre du misérable eût fait courir un frisson sur son épiderme.

— Vous serez édifiés dans un petit quart d'heure, si vous nous faites l'honneur de nous accompagner.

— Nous ne marcherons pas, garrottés comme nous le sommes.

— Qu'à cela ne tienne, mes lascars vous porteront.

» Eh! vous autres, enlevez-moi ces gentlemen et transportez-les avec tous les égards dus à des personnages valant ensemble plus d'un million de dollars.

» C'est paré?

— Oui, capitaine.

— C'est bien; suivez-moi.

» Vous, Cyrus, surveillez la colonne et armez votre revolver.

» Mes lascars sont des agneaux, des anges descendus des cieux, mais on pourrait cependant les acheter en route, et une courroie est bientôt coupée.

» Brûlez donc la cervelle au premier qui fera une embardée.

» Et maintenant : Go ahead !

Le cortège se mit en marche, et arriva, selon les prévisions de l'Américain, au bout d'un quart d'heure, devant un grand mur blanc, qui se développait, sur le ciel étoilé, comme une enceinte de forteresse.

Un « qui-vive ! » prononcé en espagnol par une voix basse, sans timbre, en quelque sorte fêlée, fit arrêter le capitaine qui ordonna la halte, en opérant, comme malgré lui, un brusque mouvement de retraite.

En même temps, une forme humaine émergeait lourdement d'une espèce de loge adossée à la muraille et commandant une porte assez large, au cintre surbaissé, pratiqué dans l'épaisseur de cette sinistre muraille.

— C'est toi le gardien ? demanda le capitaine Bob, avec un léger tremblotement dans la gorge.

— Oui, Excellence, reprit la voix fêlée.

— Voici deux nouveaux pensionnaires...

— Ah !...

— Des caballeros... de vrais Blancs à *sang bleu*.

— Ah ! ah !... C'est beaucoup d'honneur pour

les pauvres *gafos* noirs, métis ou Peaux-Rouges.

» Nous n'avons pas ici de vrais Blancs à *sang bleu*.

— Aussi, tu comprends qu'ils ne doivent pas s'enfuir, et qu'il leur est formellement interdit de communiquer avec le dehors.

L'homme eut un rire lugubre comparable à une toux d'asthmatique.

— Vous devez savoir, Excellence, que la muraille est haute et la porte solide.

» Vous n'ignorez pas non plus que rien ne sort d'ici... pas même les cadavres !

— Il faudra pourtant que nous puissions voir demain les deux caballeros.

— Soit. Mais à travers la grille.

— C'est bien.

» Tiens, voici pour ta peine, fit-il en laissant tomber sur le sol une bourse qui rendit un son métallique.

— Merci, mon généreux seigneur, reprit de sa voix étrange ce mystérieux gardien, en ramassant la bourse.

» Le pauvre *gafo* pourra avoir un peu de pain, des fruits et de l'aguardiente.

» Il vous devra quelques moments de bonheur.

Puis, il évolua silencieusement dans l'ombre,

s'approcha de la porte, et introduisit une clé qui tourna en grinçant dans la serrure.

Le lourd panneau pivota lentement sur ses gonds avec des piaulements lugubres.

En même temps, les liens des deux prisonniers étaient tranchés en un clin d'œil, et ceux-ci, encore tout engourdis, étaient rudement poussés par leurs porteurs, à travers l'ouverture béante.

La porte, actionnée sans doute de dedans en dehors par un contrepoids, retombait aussitôt avec un bruit de tonnerre derrière les deux amis qui roulèrent sur un sol visqueux, raviné de fondrières.

— Allons-nous-en, grogna le capitaine Bob.

» Cet horrible voisinage m'écœure et me fait mal.

» Il me semble qu'il s'exhale de tout cela une affreuse atmosphère de peste.

— Un mot encore, répondit le colonel.

» Eh ! monsieur Arnaud... Eh ! monsieur de Clénay, vous m'entendez bien, à travers cette porte, cria-t-il de sa voix mordante.

» Voulez-vous savoir où vous êtes, et comment je compte vous amener à merci ?

Pas de réponse.

— Vous n'êtes guère curieux.

» Je vous renseignerai, pourtant.

» Eh! bien, sachez le donc, ce lieu d'où ne sortent même pas les cadavres, et où vous êtes ensevelis vivants, c'est une léproserie!

CHAPITRE III

Ce que pensait du voyage par terre le secrétaire de la légation française au Mexique. — Jacques déclare qu'il est prêt à affronter l'eau salée... mais plus tard. — Souvenir à Lord Cochrane. — Le *voyageur pédestre*. — Julien reconnaît que la paternité de l'idée ne lui appartient pas. — A pied de Londres au Kamtschatka. — Comment le voyageur pédestre eut les jambes cassées. — Résolution de deux célibataires endurcis. — Jacques promet de revenir en France par mer! — De Mexico au Guatémala. — A travers les Républiques de l'Amérique centrale.

Voici comment Jacques Arnaud et Julien de Clénay que nous avons laissés jadis à Mexico, chez le secrétaire de la légation française au Mexique, se trouvent, en ce moment, sur les terres des États-Unis de Colombie, par 2° 55′ de latitude Nord et 80° 20′ de longitude Ouest. C'est-à-dire à quelques kilomètres de ce petit port à peu près inconnu de Burro, perdu au bord du delta du fleuve Iscuandé.

Nous avons rappelé, au chapitre précédent, l'attaque dont ils furent autrefois victimes, et que le colonel Buttler avait préparée contre eux entre la venta de Caborqueñas et la petite ville mexicaine d'Altar.

Le lecteur voudra bien se souvenir de quelle façon ils échappèrent aux aventuriers soudoyés par le sacripant. Il se rappellera l'arrivée inopinée de la diligence portant, avec les dépêches, une somme assez considérable en numéraire, le refus du courrier de prendre dans sa voiture les deux amis qu'il regardait comme des coupe-jarrets authentiques et la manière déterminée dont ceux-ci, en conquérant leurs places à main armée, changèrent ses suppositions en une apparente réalité.

Il n'a pas oublié non plus la méprise réelle ou simulée des magistrats d'Altar, la dépêche télégraphique expédiée par Julien au ministre de France à Mexico, et la réponse assez étrange de ce dernier, prescrivant aux autorités du pays d'avoir à considérer les deux voyageurs comme prisonniers d'État, de prendre le plus grand soin de leurs personnes ainsi que de leurs bagages, et de les amener à toute vitesse à la capitale.

Jacques et Julien, plus intrigués qu'inquiets, arrivèrent sans encombre à Mexico, furent reçus à bras ouverts par le secrétaire de la légation, un ami personnel de Julien, qui, n'avait rien trouvé de mieux, pour faire voyager ses compatriotes en toute sécurité, que ce moyen original de les transformer, en apparence du moins, en prisonniers d'État.

Ils s'arrêtèrent une quinzaine de jours à Mexico, et reprirent le cours de leurs pérégrinations terrestres, après avoir largement fait honneur à l'hospitalité de l'aimable diplomate.

Ce dernier, prévoyant d'énormes et presque insurmontables difficultés à opérer par terre la traversée des États de l'Amérique centrale, qui, pour la plupart, manquent de voies de communications, avait vainement tenté de vaincre les préventions de Jacques à l'endroit de la navigation.

Après avoir fait un tableau très sombre et nullement chargé pourtant, des obstacles sans nombre auxquels ils auraient à se heurter sans cesse, il avait énoncé les facilités que présenterait un voyage par mer, pour atteindre Rio-de-Janeiro.

On était à quelques heures du chemin de fer de la Vera-Cruz. Rien de plus simple que de prendre le premier paquebot en partance pour les Antilles et d'adopter, par exemple, l'itinéraire suivant : La

Havane, Saint-Thomas, Parà, Pernambouc et Rio.

Jacques, auquel une semblable proposition eût fait jadis jeter les hauts cris, écouta avec attention les sages paroles du secrétaire. Il parut les méditer et finalement, ne put s'y conformer, mais en donnant une série de raisons auxquelles Julien lui-même était loin de s'attendre.

— Vous pensez, n'est-ce pas, dit-il au diplomate, qu'il faudrait environ vingt-cinq à vingt-six jours pour accomplir ce trajet ?

— A peu près.

— De sorte que nous ne sommes guère moins loin de Rio, que nous ne l'étions, il y a bientôt un an, avant notre départ de France.

— Il n'y a pas, en effet, une grande différence entre la longueur des deux itinéraires de la Vera-Cruz ou de Bordeaux pour la capitale du Brésil.

— A merveille !

» Je pourrais, à ce sujet, vous répondre, ainsi qu'à Julien, que j'ai assez vagabondé sur terre, et que je crois m'être suffisamment endurci pour pouvoir, un de ces jours, affronter l'eau salée...

— Pas possible !

— J'ai même l'intention formelle de m'embarquer.

» J'aurai le mal de mer... il y a des amiraux comme aussi des mousses qui l'ont eu.

— Bravo !

» Si tu m'en crois, tu ne laisseras pas refroidir une aussi bonne résolution...

» En route pour la Vera-Cruz, puis, embarque !

— Halte là !

» Je prendrai passage sur un steamer... seulement pour revenir en France, quand nous serons allés *de Paris au Brésil par terre.*

» Voilà mon dernier mot.

— Mais, c'est de la démence, puisque tu es résolu à rompre plus tard avec ta... monomanie.

— Eh ! sacrebleu ! Comptes-tu donc pour rien les milliers de kilomètres que nous avons avalés sur les deux continents... Notre steeple-chase en Sibérie... Ma traversée plus qu'originale de l'Alaska... Nos misères en Colombie Anglaise et notre course au Mexique !...

— Si, mais...

— Mais, quoi !...

» Veux-tu finir tout cela en queue de poisson, échouer piteusement au port et terminer bourgeoisement une entreprise que nul, avant nous, n'a jamais pu pousser jusqu'à son complet achèvement.

— Que nul n'a peut-être jamais été assez toqué, ou suffisamment hydrophobe pour concevoir.

— Si, un seul, continua Jacques sans pouvoir s'empêcher de rire.

» Connais-tu lord Cochrane?

— Le héros de l'Indépendance Chilienne?... celui qui étrillait si bien les Espagnols, et que ceux-ci avaient surnommé *el Diabolo?*...

— Non; c'est son frère, John Dundas Cochrane, appelé le *Voyageur pédestre*, dont les journaux de Mexico rappelaient, ces jours derniers, l'étonnante aventure, à propos de notre voyage.

» Tu ne lis donc jamais les journaux?

— Jamais! riposta Julien avec un dédain superbe.

» Raconte-nous donc l'histoire du *Voyageur pédestre* et ses aventures que j'ai eu le tort de ne pas lire dans les gazettes.

— La voici en deux mots:

» Lord Cochrane avait résolu de faire, autant que possible, le tour du globe à pied, et naturellement autant que le permet la configuration des continents.

» Son itinéraire était à peu près le nôtre...

— De façon que je ne puis, paraît-il, revendiquer la paternité de l'idée.

— Qu'importe l'idée du projet à qui peut l'accomplir.

» Je disais que l'itinéraire de lord Cochrane

était à peu près le nôtre, avec cette différence que, après avoir atteint le Brésil, le voyageur avait l'intention de s'avancer jusqu'à Pernambouc, le point du continent américain le plus rapproché des terres africaines.

» De Pernambouc, pour aller à Dakar, on compte, si je ne me trompe, sept cents et quelques lieues.

» Force alors serait au voyageur pédestre de s'embarquer sur l'Atlantique.

» Mais, arrivé à Dakar, il devait reprendre le bâton du piéton, traverser le Sahara, gagner le Maroc, franchir le détroit de Gibraltar, passer en Espagne, puis en France...

— Compris ; c'est plus fort que nous, et je ne t'en demandais pas tant au début.

— Mais, aussi, pense donc que, en revanche, nous devions, grâce à mon hydrophobie, revenir du Brésil à Paris par le même chemin.

— C'est juste ; il y a compensation.

— Je continue mon histoire.

» Lord Cochrane s'est arrêté en route.

— Parbleu ! je m'en doutais bien.

» J'en connais beaucoup, de ces héros de coin de feu... De bonnes gens à pantalons molletonnés, à douillettes ouatées et à bonnets de coton, auxquels les kilomètres ne coûtent guère à faire... en chambre.

» Il n'en est pas un qui, en lisant les récits des explorateurs, ne se mette dans la peau de ceux-ci, et ne s'écrie triomphant : « Oh! moi, j'étais né pour les voyages! »

» Ils s'emballent et se croient des Mungo Park ou des Livingstone quand, après avoir fait leur testament, ils s'en vont traîner leur graisse jus- qu'à Granville ou aux Sables-d'Olonne.

— Ta tirade, appliquée à notre précurseur, est souverainement injuste; car, si quelqu'un était taillé pour accomplir ce formidable tour de force, c'était certainement lui.

» Un gaillard qui n'avait rien du voyageur en chambre; juges-en plutôt :

» Parti de Londres en janvier 1820, il arriva à Pétersbourg en avril, quitta Pétersbourg fin mai, fut dévalisé près de Novgorod et indemnisé par le gouverneur — c'est un peu notre histoire — vi- sita Moscou, Kazan, franchit les monts Ourals, s'arrêta à Tobolsk, remonta l'Irtish jusqu'à Sé- mipalatinsk, gagna Tomsk, s'embarqua sur la Léna, parvint à Yakoustk, en octobre, et s'avança, en dépit d'une température épouvantable, jusqu'à Nijni-Kolymsk où il arriva, *toujours seul*, par un froid de 52° centigrades.

— Diable !

— Les Tchoucktchis lui ayant interdit le passage sur leur territoire, il se dirigea vers le détroit de Behring par le Sud-Est, atteignit Okhostk fin juin 1821.

» Il mourait littéralement de froid et de faim, et n'avait pas rencontré un être vivant sur un parcours de six cent cinquante kilomètres !

» Il partait le 25 août pour le Kamtschatka, et arrivait sans encombre à Petropawlawsk.

» Il n'alla pas plus loin.

— Il mourut sans doute des suites de ses fatigues.

— Non.

» Il épousa la fille du sacristain de l'église...

— Ah !

— ... Il revint avec sa femme par le même chemin.

» Il rentra à Londres après une absence de trois ans et deux mois.

— Je te vois venir.

» Tu tiens à réaliser ce que les circonstances ont empêché l'Anglais d'accomplir.

— Absolument !

» Nous sommes une paire de célibataires endurcis, et il n'y a guère à redouter pour nous l'incident banal qui cassa les jambes au *Voyageur pédestre.*

— Je réponds de moi !

— Et moi aussi.

» En conséquence, nous continuons notre voyage *de Paris au Brésil par terre.*

» Nous marchons de l'avant, quoi qu'il arrive, et dussions-nous être plusieurs années en route !

— Voilà qui est toujours entendu, mon cher Jacques : aujourd'hui et demain comme hier et autrefois.

» J'irai partout avec toi.

— Vois-tu, mon cher Julien, je tenais à vider la question, et surtout à bien établir vis-à-vis de toi que, en continuant à suivre la voie de terre, il n'y a plus pour moi ni pusillanimité de rond-de-cuir craignant la nausée, ni appréhension de bourgeois devant l'eau salée.

« Il y a enfin, dans l'accomplissement de notre projet, une question essentielle d'amour-propre et de dignité, bien plus encore pour nous-mêmes que pour la galerie.

— Bravo ! C'est ainsi que je voulais te voir

» Tu as enfin vaincu le vieil homme. Tu es bien réellement quelqu'un.

» Calme et résolu... sans enthousiasme, comme sans défaillances.

» Avec cela, on arrive partout.

» A propos, je retiens ta promesse de revenir
en France par mer.

— Sur l'honneur !

— A merveille !

» Nous allons faire nos adieux à notre hôte, envoyer par dépêche un mot affectueux au Caribou
pour Alexis et les Perrot, puis, en route !

» Nous partons demain.

. . . .

Il est inutile de fatiguer le lecteur du récit d'incidents nombreux, souvent désagréables, et parfois périlleux, mais rentrant presque toujours dans
cette banalité qui ne saurait faire sortir de son
indifférence le voyageur endurci.

Accès de fièvre, chutes dans les fondrières, rencontre, assez rare pourtant de reptiles — on a sur-
fait le serpent — quelques tête-à-tête avec des
caïmans, difficultés permanentes d'avancer à travers les rochers, les marais, les forêts ou les cours
d'eau — cette lenteur de la marche est une des
plus rudes épreuves, avec la torture incessante
imposée par les insectes : maringouins, chiques,
garapates, etc.

Tel fut le format de la situation pendant les
trois mois qui suivirent le départ de Mexico, et
que les deux amis employèrent à suivre un itiné-

raire dont nous allons mentionner, en quelques mots, les principales étapes, par simple intérêt géographique.

De Mexico ils purent profiter de la voie de chemin de fer en construction, et furent conduits par une machine à vapeur jusqu'à Tahuacan, distant de deux cents kilomètres.

De Tahuacan, ils suivirent à cheval, en passant à Oajaca, la route qui les conduisit à Tehuantepec. Une mauvaise route à travers des montagnes et réunissant les conditions essentielles d'une marche lente et pénible.

De Tehuantepec, ils contournèrent le littoral du golfe du même nom, jusqu'au petit village de Metapa, où se trouve la frontière guatémaltèque. Ils avaient déjà parcouru sept cents kilomètres depuis Oajaca.

Ils suivirent ensuite, sans désemparer, cette ligne de collines qui s'étendent en pente douce, entre la plage sablonneuse du Pacifique, et le plateau formant le rebord méridional des hautes terres du Guatémala.

S'ils perdirent en pittoresque, ils gagnèrent en vitesse, en ce sens que la route du littoral n'étant pas accidentée, ils franchirent assez rapidement les trois cents kilomètres de territoire guatémaltèque, intercalés entre le Mexique et la République de San-Salvador.

La configuration du territoire de ce dernier État, permettant l'emploi du même procédé, ils traversèrent d'un façon identique, en côtoyant l'Océan Pacifique, la petite République Salvadorienne dont ils admirèrent les splendides forêts.

Les voici bientôt au Nicaragua, après avoir coupé cette langue de terre de l'État de Honduras, qui s'appuie à la magnifique baie de Fonseca.

Ils s'arrêtèrent deux jours à Léon, la capitale du Nicaragua, et furent tout étonnés, de trouver une ville de 40,000 habitants, avec des monuments assez remarquables et une université.

La route, — il y a une route — assez bonne, qui conduit à la République de Costa-Rica, longe les deux lacs de Menagua et de Nicaragua, auxquels on donne dans le pays le nom de mer. Nous ignorons si cette dénomination plus flatteuse, a une origine analogue à celle du lac, ou plutôt de « Madame la mer Baïkal ».

Cette route amena les deux amis à la petite ville Costaricienne d'Esparza, en passant par le Guanacaste. D'Esparza, ils gagnèrent Tarcolès et dirent adieu, pour longtemps, hélas ! à leur bonne route muletière, et enfilèrent un sentier très difficile, fréquenté seulement par les éleveurs de bétail.

Après des fatigues écrasantes, et une traversée inoubliable des forêts couvrant les montagnes de Dota, ils arrivèrent, en suivant cette route de casse-cou, aux confins de l'État fédéral de Panama.

Puis, il n'y eut plus ni routes, ni sentiers, ni même une vague apparence de voie de communication.

Ils se trouvèrent bientôt sur le territoire de l'Isthme proprement dit. Une langue de terre qui s'étend comme une chaussée entre l'Atlantique et le Pacifique, soude l'une à l'autre les deux Amériques, et n'a pas plus de soixante-douze kilomètres de largeur entre Colon et Panama.

Ils s'avancèrent à travers cette contrée qui, suivant M. Armand Reclus, n'offre ni plaines ni plateaux, mais partout des collines, partout des monts en forme de pics ou de dômes, un chaos de mamelons verdoyants.

Ils atteignirent le port de Panama, s'y ravitaillèrent, et se remirent en route, après avoir pris quelques jours de repos. Ils contournèrent la partie orientale de la baie de Panama, prirent la direction du Sud-Est, puis descendirent franchement au Sud. Ils foulaient enfin le sol de l'Amérique méridionale.

Ils avaient, depuis leur départ de Mexico, par-

couru plus de six cents lieues terrestres en trois
mois. Ce qui est énorme, eu égard aux difficultés dont leur vigueur et leur énergie avaient
seules pu triompher.

Pendant cinq degrés, ils suivirent ensuite les
rives colombiennes du Pacifique, entre la Sierra
de Baudo, une petite chaîne de montagnes indé-
pendantes de la Cordillère des Andes, reconnurent au passage Porto-Pinas, Porto-Quemado,
Porto-Cupica, le cap Corrientès, traversèrent une
quantité innombrable de rios, dont quelques-uns
très considérables, comme le Baudo, et surtout
le San-Juan, s'arrêtèrent deux jours au petit
port de Santa-Buenaventura, traversèrent sans
encombre les terres bordant la baie de Choco,
aux énamations putrides, sur lesquelles l'Européen contracte des fièvres terribles, et arrivèrent,
un beau soir, camper sur une éminence qui
s'élève non loin du village maritime de Burro, où
s'accomplit le drame que nous avons précédemment raconté.

Il demeura rigide sous la pluie. (Page 105.)

CHAPITRE IV

Nuit d'angoisse. — La cour des miracles. — Affreuse réalité. — Pourquoi les cadavres eux-mêmes ne sortent pas de la léproserie. — Tentative désespérée. — Ce qu'on entend par *chapétones* ou hommes à *sang bleu*. — L'éléphantiasis est-elle contagieuse ? — Cruauté de malheureux. — Serment de vengeance. — Efforts inutiles. — Attaque d'une porte. — La hallebarde du gardien. — Influence du Blanc sur les hommes des autres races. — Un miracle !... — Arbre broyé et muraille effondrée. — Détonation. — Réflexion relatives à l'obus qui manque son but.

Malgré leur vaillance, Jacques et Julien avaient frémi, en entendant ces paroles sinistres, hurlées par le colonel, au moment où la porte du bâtiment mystérieux se refermait derrière eux : « Ce lieu, d'où ne sortent même pas les cadavres, et où vous êtes ensevelis vivants, c'est une léproserie !... »

Dans mainte occasion, et surtout depuis qu'ils

traversaient la zone intertropicale, ils avaient rencontré des malheureux atteints de la lèpre, et l'aspect de cette épouvantable maladie avait toujours excité en eux autant d'horreur que de pitié.

Assez fréquent dans les lieux bas et humides, attaquant de préférence ceux des habitants qui se trouvent dans des conditions hygiéniques exceptionnellement mauvaises, ce mal, jusqu'à présent réputé incurable, fait d'assez nombreuses victimes sur certains points du littoral colombien de l'Ouest.

Les lépreux isolés traînent leur misérable existence et meurent là où ils se trouvent, quand l'invasion de la maladie leur a rendu tout travail impossible.

Ceux au contraire qui sont frappés dans les villes ou les villages, sont dirigés de gré ou de force dans des établissements n'ayant d'hôpital que le nom, et où leur font absolument défaut les soins les plus élémentaires.

Que dis-je! la léproserie, à de rares exceptions près, est un immonde amas de cases pourries, chancelantes sur un sol fangeux, et circonscrites par une muraille que nul ne franchit, ni du dedans ni du dehors.

Les provisions, données aux malades pour les empêcher de mourir de faim, leur sont lancées par un guichet une fois ou deux la semaine.

Ils n'ont plus ni famille, ni parents, ni amis...

Nul ne communique jamais avec eux, et l'horreur qu'ils inspirent aux populations arriérées de la Colombie est telle, que leur position est plus terrible encore qu'elle ne l'était en France au moyen âge!

Le capitaine Bob savait cela, et il avait, comme on s'en souvient, spéculé sur la répugnante promiscuité des deux Français avec les lépreux de Burro, pour les amener à merci.

— Une léproserie!... murmura Julien d'une voix altérée, j'aimerais mieux être jeté dans une fosse avec les serpents les plus redoutables...

— Oh! le bandit! gronda Jacques.

» Que n'avons-nous laissé Perrot lui briser la tête!...

» Que faire? Je n'ose ni avancer ni reculer, au milieu de cette nuit affreuse!

— Attendons le jour... soyons calmes.

» Il est impossible que nous restions dans une pareille situation...

— Qu'espères-tu donc?

— Eh! mon pauvre ami, le sais-je moi-même!

» Adossons-nous au mur et restons immobiles.

» Nous ne courons pas de danger immédiat et si tu me sens ainsi ému, c'est plutôt une affaire

de nerfs... un écœurèment qui me monte à la
gorge comme une nausée, et auquel je puis à
peine résister.

La nuit fut, en effet, longue et pénible pour les
deux reclus, qui, accroupis près du mur, enten-
daient des plaintes étouffées, des râles monter
çà et là dans l'obscurité humide et percevaient
sur la terre molle des froissements analogues à
ceux que produisent les sauriens se traînant dans
les vases.

Enfin, le soleil parut, éclairant une scène qui
fit frissonner jusqu'aux moelles les deux amis,
quelle que fût leur intrépidité.

La bravoure la plus éprouvée ne peut rien
contre certaines impressions d'horreur qui enva-
hissent et terrassent, pour ainsi dire, les organismes les plus vaillants.

Dans une immense cour rectangulaire, plantée
de manguiers et de sabliers, une centaine d'hommes, demi-nus, tous nègres, indiens ou mulâtres,
couchés, accroupis, rampants ou vautrés sur la
fange, apparurent soudain, comme une lugubre
évocation de cauchemar.

Les uns, horriblement défigurés, la face envahie
par des tubercules luisants sous lesquelles dispa-
raissaient le nez, les lèvres et les joues, regar-

daient les étrangers de leurs yeux sans cils et sans sourcils, aux orbites bossués.

Les autres ébauchaient des gestes lents, passaient sur leur poitrine aux boursouflures livides, aux plaies blafardes, leurs mains, dont les doigts perdaient une à une leurs phalanges.

D'autres, plus ingambes, allaient et venaient sans paraître souffrir. Le mal ne les avait pas encore abattus et l'aspect de leur peau livide, jaunâtre, ou violette par place, avec des taches bordées d'écailles blanchâtres, attestait seul l'invasion du fléau.

D'autres, enfin, atteints de cette hypertrophie du derme et de l'épiderme appelée éléphantiasis, traînaient péniblement, comme des forçats attachés à des boulets, leurs jambes monstrueuses devenues énormes comme celles de l'éléphant, après avoir perdu toute forme humaine, et dont l'épiderme crevassé avait pris une couleur gris sale de boue desséchée.

L'attitude d'un certain nombre, sans indiquer la douleur, pronostiquait pourtant une décrépitude fatale et prochainement mortelle. Quelques-uns même, assis par terre, semblaient ne pouvoir se soulever qu'avec peine.

Enfin, pour comble d'horreur, une bande d'urubus, ces petits vautours noirs qui, dans les villes sud-américaines, engloutissent toutes les ordures des voiries, déchiquetaient un cadavre immobile au pied d'un sablier.

Çà et là, des morceaux de squelettes humains gisaient épars dans les fondrières, sans que les pensionnaires de ce lugubre asile semblassent s'étonner devant ces débris qui attendaient les leurs.

Jacques se rappela alors cette phrase épouvantable : « ... ce lieu d'où ne sortent même pas les cadavres », et en comprit toute la signification, en voyant s'envoler lourdement les hideux oiseaux repus de charogne.

— Allons-nous-en, fit-il d'un ton égaré... Je me sens mal !

» Cette atmosphère où l'on respire je ne sais quelle peste... ces plaies hideuses... ces cadavres...

» Tout cela me cause un insurmontable dégoût.

» Essayons d'enfoncer la porte !

— Oui ! Tu as raison.

— J'aimerais mieux m'y briser la tête, plutôt que de demeurer ici.

» La mort n'est rien !

» Mais, la vie d'un lépreux avant de mourir !...

Cependant, les malades, à l'aspect des deux blancs toujours immobiles commençaient, après les avoir contemplés longuement de leurs regards atones, à essayer de se rapprocher d'eux.

Ils se mirent à parler de cette voix basse, voilée, sans timbre, particulière aux lépreux dont les cordes vocales, envahies par les tubercules, ne donnent plus de sons.

En voyant ces deux hommes au visage blanc, pleins de vie et de santé, ils murmuraient :

— Ce sont bien des *Chapétones*, de vrais blancs d'Europe... (1)

» Ils ont du sang bleu !

» Que font-ils ici, chez les *gafos* (lépreux)

Jacques et Julien, à l'aspect de cette troupe hideuse précédée par les plus ingambes, se levèrent brusquement.

Les lépreux s'arrêtèrent aussitôt.

— Il ne faut pas que ces malheureux nous touchent, s'écria Jacques incapable de maîtriser l'écœurement que lui inspirait l'idée seule de ce contact.

» C'est contagieux, n'est-ce pas ?

— Je l'ignore.

(1) Le *chapéton* est le blanc né en Europe. On appelle *godos* (goths), les descendants des *chapétones* qui se sont alliés entre eux et ont conservé pur de tout mélange leur *sang bleu*, c'est-à-dire qu'ils ont les veines azurées sous leur peau blanche.

» Certains médecins prétendent que non.

» Des personnes dignes de foi m'ont pourtant affirmé jadis, en Guyane, que les moustiques étaient susceptibles de l'inoculer (1).

— Laisse-moi donc m'assurer le plus tôt possible de la solidité de la porte.

— Un mot... un seul !...

— Dis.

— C'est que, avant de jouer notre dernière partie, et peut-être de nous briser en voulant reconquérir notre liberté, je veux faire ici le serment que, quels que soient le lieu et le temps où je retrouverai les deux bandits qui nous ont jetés ici, nous les tuerons comme deux bêtes enragées.

» Le fer, le feu, l'embuscade, le poison, tout nous sera bon !

— Bravo ! répondit Jacques avec énergie.

» Je pensais comme toi au moment où tu parlais.

(1) « Il est aujourd'hui démontré que, dans les pays chauds, les moustiques, ou *culex*, sont les agents de transmission de l'éléphantiasis des Arabes, cette maladie redoutable qui est due à la présence, dans le sang, d'un grand nombre de petites filaires (filaire de Médine ou ver de Guinée) que le *culex* charrie, d'un individu malade qu'il a piqué à un individu sain qu'il va piquer.

(Docteur RORDIER. *Colonisation scientifique*).

» Cette perspective m'a rafraîchi le sang...

» A l'œuvre.

Le jeune homme, à ces mots, se retourna, examina du haut en bas la porte, et ne put retenir une exclamation de désappointement.

— Qu'y a-t-il? demanda Julien.

— Ce qu'il y a!... c'est que ce lieu maudit, où tout semble crouler de pourriture et de vétusté, se trouve pourvu d'une porte aussi solide que celle d'une forteresse.

— Tu as raison.

» Les planches et les madriers sont tirés de ces arbres tropicaux, aux fibres indestructibles, qui défient presque le fer et le feu...

» Quant aux murailles ?

— Elles sont impraticables à l'escalade avec nos moyens actuels.

» Vois donc, elles ont au moins cinq mètres de hauteur, et leurs parois semblent aussi lisses que si elles étaient bâties en pierre de taille.

— Il me paraît, en effet, également impossible d'y pratiquer une brèche...

» Et le temps nous manque !... La faim va se faire sentir, et nous sommes sans provisions !

— Tournons donc nos efforts vers la porte.

Le premier examen de Jacques, un peu trop superficiel, n'avait porté que sur l'espèce de blindage

en bois de fer, dont l'aspect redoutable l'avait dé-
couragé.

Il s'avisa de considérer attentivement les fer-
rures, et découvrit que la rouille avait rongé çà et
là les clous servant à joindre les différentes pièces,
ajustées assez grossièrement d'ailleurs, par des ouvriers malhabiles et pourvus d'outils imparfaits.

Si le bois avait complètement résisté à l'atmosphère prodigieusement humide qui enveloppe
ce lieu, le fer, en revanche, avait subi une telle
oxydation, qu'il n'en restait pour ainsi dire que
des traces en certains endroits.

Avec un levier de bois, ou même une mince
barre de fer, il eût peut-être été possible, le temps
aidant, d'en désarticuler quelques fragments.

Malheureusement les deux amis ne possédaient
aucun outil. Pas même leurs machetes, restés avec
les bagages confiés à la garde des arrieros infi-
dèles.

Mais ils avaient bon courage, et une vigueur
encore augmentée par l'ardent désir de s'échapper
au plus tôt de cet abominable réduit.

Ils s'arc-boutèrent en un point qui leur semblait
un peu plus faible, puis, raidissant leurs membres,
écrasant leurs muscles à la dure paroi, ils produi-
sirent un effort terrible qui la fit gémir et osciller.

— Courage ! râla Julien tout congestionné...

» Cette carcasse n'a pas la rigidité que je lui supposais...

» Cela remue...

— Allons ! redoublons, s'écria Jacques en se ruant d'un élan furieux sur la porte qui, cette fois, craqua lugubrement.

» A la bonne heure, fit-il joyeux; tout espoir n'est donc pas perdu !

» Eh ! qu'est-ce que c'est que ça ? dit-il en se retournant brusquement du côté de la cour.

— Ce qu'il y a, répondit Julien indigné, c'est que ces misérables pestiférés veulent nous empêcher de sortir.

Il ne se trompait pas.

Les lépreux avaient bientôt compris le but de leur tentative, et s'étaient mis en devoir de l'empêcher.

— Les *chapetones* s'enfuient !... criaient-ils de leurs voix sans timbre.

» On ne doit pas sortir d'ici !

» A mort !... à mort !... les *chapetones* qui s'enfuient.

Puis, ils surgirent de tous les points de leur fétide prison, comme s'ils eussent obéi à un mot d'ordre, semblables aux immondes urubus qui se rassemblent pour guetter l'agonie d'un moribond.

Comme une Cour des Miracles, la léproserie

semblait vomir à chaque instant de nouveaux malingreux. Il en sortait des cases, des ruelles putrides qui les séparent, des coins les plus abjects
et les plus reculés.

Les uns se dressaient péniblement de dessous
les arbres, les autres s'arrachaient de leur lit de
fange, et tous, clopinant, se traînant à pas iné-
gaux, ébauchant leurs gestes lents, roulant leurs
bouches difformes, s'avançaient en un demi-cercle
répugnant, en criant toujours de leurs voix man-
gées par la lèpre.

— A mort!... Les *chapetones* qui s'enfuient!...

» Les hommes blancs à sang bleu sont des
gafos!...

» Ils doivent vivre et mourir avec les gafos.

Ils se rapprochaient peu à peu, et paraissaient
vouloir appréhender au corps les deux amis, de
plus en plus saisis d'horreur à la vue de ce monstrueux pandémonium de toutes les hideurs humaines.

Jacques et Julien, d'un même mouvement irré-
fléchi, allaient de nouveau se ruer sur la porte,
pour échapper à cette dégoûtante étreinte, quand
un guichet assez large, mais pourvu d'une grille
de fer, s'ouvrit brusquement au milieu du panneau.

En même temps, la face boursouflée du gardien apparut derrière la grille.

— Retirez-vous! dit-il brutalement.

Et comme ils restaient immobiles, à un pied à peine de la porte, le misérable passa rapidement, à travers le guichet, une espèce de hallebarde dont il essaya de percer la poitrine de Julien, plus rapproché que Jacques.

Saisir l'arme par le manche, l'arracher brusquement des mains débiles du lépreux, est pour le jeune homme l'affaire d'un moment.

Et comme son ami étend les bras pour repousser l'avant-garde des malingreux, qui arrivent presque à les toucher, il se retourne, pâle d'indignation et de dégoût, en brandissant la pique, sur le bois de laquelle il lui semble sentir le contact visqueux du gardien.

— Arrière! coquins, s'écrie-t-il d'une voix terrible.

» Arrière! vous dis-je, ou j'éventre le premier qui lève la main sur nous.

Il arrive souvent que l'énergie d'un seul homme de courage en impose à une foule en fureur, au point d'apaiser ses grondements, et d'arrêter ses menaces. Cet ascendant du courage s'exerce plus particulièrement encore sur les autres races humaines, la noire surtout, quand il émane du Blanc.

Ces nègres, ces Indiens, et ces mulâtres, en entendant les éclats de cette voix vibrante comme un métal, en voyant l'éclair de ces yeux, reculèrent plus encore qu'à l'aspect de l'arme qui les menaçait. Ils craignirent pour le souffle de vie animant à peine les derniers lambeaux de leur corps.

Leur demi-cercle se disloqua. Il y eut comme un remous produit par le recul de ceux qui se trouvaient au premier rang, et, la troupe désagrégée s'éloigna lentement d'une vingtaine de pas.

Puis, fatigués sans doute de cet effort, ils s'allongèrent sur le sol en petits groupes compacts, les yeux fixés sur les deux blancs, attendant, avec une curiosité malveillante, la suite de cette étrange aventure.

Le gardien avait disparu en laissant le guichet ouvert, après la brusque soustraction de son arme par Julien.

— Il n'y a pas de temps à perdre, fit le jeune homme encore tout ému.

» Je vais essayer, avec cette pique, de faire sauter un des montants.

» La pointe me paraît peu solide, mais le manche doit fournir un excellent levier.

— Si tu essayais d'arracher la grille du guichet.

La réponse de Julien fut arrêtée par une nouvelle apparition du gardien, dont la tête affreuse se détacha, pour la seconde fois, dans le cadre formé par le guichet.

— Retirez-vous, dit-il encore de sa voix laryngée.

— Et si je ne veux pas ! riposta Julien furieux de cette ténacité de brute.

— Je vais vous tuer, reprit froidement le *gafo*.

En même temps, il appliquait, entre deux croisillons de fer, le canon d'un gros tromblon rouillé, dont la gueule évasée pouvait vomir une énorme quantité de projectiles.

— Ce n'est pas la première fois, continua le gardien, que les *gafos* veulent s'enfuir en brisant la porte.

» Mais il y a dans mon arme une livre de balles et j'en ai tué jusqu'à six d'un coup, sans compter ceux que j'ai blessés.

» Allons, retirez-vous... c'est l'ordre... Vous devez vivre et mourir ici, car les caballeros eux-mêmes qui vous ont amenés ne pourraient plus vous faire sortir.

Jacques et Julien, comprenant à l'accent résolu de cet homme qu'il allait mettre sa menace à exécution, s'effacèrent de chaque côté de la porte, déterminés à attendre la nuit pour essayer d'une tentative désespérée.

Cependant, les lépreux, à la vue de cette subite intervention du gardien, riaient méchamment, et ne ménageaient pas les quolibets aux malheureux prisonniers.

— Ah! ah! les jolis blancs sont raisonnables...

» Ils resteront avec les pauvres *gafos* noirs ou rouges.

» Ils partageront leur pain...

» Boiront leur eau...

» Ah!... ah!... Ils leur raconteront de belles histoires.

Les deux amis contemplaient, plus écœurés que jamais, cette scène repoussante, et se rappelaient les paroles sinistres du colonel Buttler : « Peut-être alors serez-vous trop heureux d'offrir votre fortune, en échange d'une mort rapide!...

— Oh! non, nous ne mourrons pas, rugissait Julien en proie à une fureur impuissante.

» Non! c'est impossible... Je le sens, notre heure n'est pas venue.

— Et moi, gémissait Jacques atterré, je n'ose même plus compter sur un miracle...

— Eh! pardieu! s'écria Julien avec un cri de joie délirante, le miracle... le voici!...

» Un peu brutal, mais le bienvenu.

Au moment où Jacques prononçait ce mot :
« Miracle », un pan de mur, large de plus de
quatre mètres, s'effondrait tout à coup. Les
pierres, pulvérisées, s'éparpillaient de toutes
parts, et un sablier énorme, fauché au ras de
terre, s'abattait en même temps.

Puis une détonation formidable ébranlait le
lugubre établissement, un véritable ouragan de
débris s'éparpillait de tous côtés avec des ron-
flements stridents, pendant que les lépreux, en
proie à une folle épouvante, joignaient plaintivement les mains, ou s'incrustaient, pour ainsi
dire, dans les anfractuosités du sol.

— A la brèche !... à la brèche ! crièrent d'une
seule voix les deux amis, qui en quelques bonds
rapides atteignirent l'ouverture béante au milieu
de la muraille.

Moins d'une demi-minute après, ils se trouvaient
dans la plaine, sans que nul eût même songé à
s'opposer à leur passage !

— Enfin ! répétait à satiété Jacques, nous voici
donc libres après tant d'angoisses.

» ... Mais, c'est singulier ! Je ne vois personne.

» Qui donc a exécuté ce coup de théâtre auquel
nous devons d'échapper à cette effroyable réclusion ?

— Ce coup de théâtre est un coup de canon,

répondit en souriant Julien, non moins radieux que son ami.

» Un coup de canon qui a manqué son but.

— Comment cela ?

— Tiens, regarde au large.

— J'aperçois, à cinq cents mètres d'ici, éventrée entre deux roches, feu la goëlette de notre ennemi.

— Plus loin... ce point noir.

— Très bien ; c'est un navire à vapeur.

— A n'en pas douter un croiseur à la recherche de la goëlette.

— Et ce petit nuage blanc qui s'élève tout à coup sur les flots ?...

— Annonce un nouveau coup de canon.

» Ou je me trompe fort, ou l'équipage du croiseur s'escrime à prendre pour but le vaisseau naufragé.

— Tu crois ?

— Tiens ! la preuve...

Un obus, arrivé du large, avec une admirable précision, s'abattait en effet sur le petit navire, enfonçait une partie de l'arrière, et fracassait du même coup le grand mât qui, fauché au ras du pont, s'abattait lourdement.

— Eh ! bien, t'expliques-tu maintenant comment nous sommes libres?

— Mais, comme tu le disais tout à l'heure, grâce à un coup de canon qui a manqué son but...

— Dis plutôt grâce à un obus qui a dépassé son but, et cela, intentionnellement de la part des canonniers.

» Dans tout exercice à feu, quand on n'est pas bien certain de la distance, on a coutume d'envoyer deux projectiles d'essai : l'un qui doit porter en delà, l'autre en deçà du point à atteindre.

» Au troisième coup, le tir est réglé en prenant la moyenne.

» Or, tu dois t'apercevoir que la léproserie se trouve exactement dans le prolongement de la ligne qui, partant du navire au large, passe par l'épave.

— De sorte que le premier obus tiré du croiseur, celui qui doit porter en deçà, a dépassé son but...

— Et parfaitement atteint le nôtre.

CHAPITRE V

Estomacs en détresse. — Déjeuner sur l'épave. — Encore
un armement. — Près de la léproserie. — Une nuit
d'affût. — Absence inexplicable du colonel Buttler et
de son complice. — Départ pour Burro. — La piste. —
Chasse donnée à dix forbans, par les deux amis. — Le
pays de la pluie. — Végétation équatoriale. — Splendeurs de la flore. — Encore et toujours la pluie. —
Village lacustre. — Hospitalité. — Testament perdu.

Soustraits enfin à l'épouvantable obsession qui
avait pesé sur eux pendant les heures d'angoisse
passées à la léproserie, les deux voyageurs retrou-
vèrent bientôt leur entrain et leur gaieté ordinaires.

Faisant bon marché de la perte de leurs bêtes
de charge et de leurs bagages, emmenés, sans le
moindre scrupule, par les arrieros, ils venaient de
se résoudre à gagner Barbacoas, la ville la plus
proche, dans l'espoir de s'y ravitailler, ou du

moins d'y trouver les facilités d'atteindre Quito la capitale de l'Ecuador, ou République de l'Équateur.

Ce premier point posé, il fallait, à tout prix, et sous peine d'une fringale qui allait en s'accentuant de plus en plus, aviser aux moyens de déjeuner, quelque sommairement que ce fût.

Julien contemplait mélancoliquement les oiseaux aquatiques barbotant gravement dans les terres marécageuses bordant l'embouchure d'un bras de l'Iscuandé, ou passant à tire-d'aile au-dessus de sa tête. Il se disait que, en dépit de leur saveur parfaitement désagréable d'huile rance, flamants roses, aigrettes blanches, ou grises, sawacous ou bécassines de mer offriraient les éléments d'un repas supportable, assaisonné surtout par un appétit féroce.

Mais, hélas! ni lui ni son ami ne possédaient les engins indispensables à la capture des volatiles, qui, comme s'ils se fussent rendus compte de l'impuissance des voyageurs, venaient les narguer avec une hardiesse tout à fait inusitée.

Ils allaient, de guerre lasse, se rabattre sur les petits crabes bleus galopant verticalement, comme des disques à pattes, sur les vases molles, et sur ces huîtres informes qui s'accrochent aux racines des palétuviers, quand Jacques, se frappant soudain le front, s'écria d'un ton convaincu :

— Sommes-nous bêtes !

— Comme des gens dont l'estomac crie famine, répondit Julien.

— Ou je me trompe fort, ou nous devons trouver à manger autre chose que ces crustacés azurés ou ces mollusques fantaisistes.

— Dis vite et ne te trompe pas.

— Ne vois-tu pas émerger de plus en plus la coque de feu la goëlette ?

— En effet, la mer se retire et la laisse à sec sur les roches.

» Qu'a de commun la vue de cette épave avec notre déjeuner absent ?

— C'est que le croiseur s'étant contenté d'envoyer dans la dite coque une seule paire d'obus, il y a fort à présumer que nous trouverons bien quelques biscuits avec un morceau de lard, ou une simple boîte de conserve contenant les légendaires « fayots ».

— Tu as parfaitement raison.

» Où diable avais-je la tête !

» Rallions donc l'épave.

Ce fut l'affaire de quelques minutes pour les affamés, qui arrivèrent en courant près du petit navire horriblement mutilé par le choc des rochers et le feu de l'artillerie.

C'était miracle, vraiment, que les énormes obus du croiseur n'eussent pas incendié les cartouches, et provoqué une explosion qui eût mis en miettes le contenant et le contenu.

Mais, aussi, quel spectacle de destruction brutale, complète, irrémédiable !

Tout était broyé sur le pont, pris en enfilade par le premier projectile. Même désarroi dans l'entrepont où avait pénétré et éclaté le second qui avait littéralement tout effondré.

Seules, les cartouches arrimées à fond de cale étaient intactes, avec une partie des caisses à fusils.

Les prévisions de Jacques se réalisèrent pleinement.

Au milieu de cet invraisemblable mélange d'objets disparates éparpillés par les explosions : cordages effiloqués, planches hachées, cuivres tordus, tonneaux éventrés, caisses fracassées, drômes projetées de tous côtés, Jacques découvrit tout d'abord, de son œil émerillonné par la convoitise, un superbe jambon sur un petit réduit qui avait dû être la cambuse.

—Un jambon ! s'écria-t-il en brandissant, comme une massue, l'excellent comestible encore enfermé dans son enveloppe de toile bise aux multiples cachets.

— Des biscuits, répondit joyeusement Julien qui, après s'être arraché d'une vaste plaque de goudron, venait de mettre la main sur une caisse contenant les briquettes comestibles!

— Et du vin! du vrai vin, réitéra Jacques en exhumant, d'un monceau de tessons, une bouteille restée intacte en raison d'un prodige inexplicable.

— Bravo! reprit Julien.

» Qu'importent maintenant ce biscuit dur comme du moellon et ce jambon cru, peut-être farci de trichines...

» Mangeons!

— Mangeons! fit comme un écho docile Jacques, en se hissant sur les débris du gaillard d'avant.

» Il fait chaud là dedans comme à la gueule d'un four; nous serons mieux ici, à l'abri de ce morceau de voile qui intercepte le soleil.

— Excellente précaution qui nous permettra également de surveiller les alentours, au cas fort probable où les anciens propriétaires de la goëlette pourraient venir de ce côté.

— Aïe! s'écria Jacques en sursautant brusquement.

— Quoi?

— J'ai bonne envie de répéter, pour la seconde fois : « Sommes-nous bêtes! puis, d'ajouter : « ... et imprudents. »

— La raison?

— Comment, malheureux! faut-il que la voracité avec laquelle tu emplis ton estomac, oblitère à ce point les facultés de ton esprit, pour te faire commettre une pareille imprudence.

» Nous n'avons plus d'armes...

» Pas même un couteau de poche, puisque nous sommes réduits à mordre à tour de rôle dans ce jambon, comme deux animaux...

— Tu as de plus en plus raison.

— Eh! bien, comme on ne sait pas ce qui peut arriver, je lâche mon déjeuner, je descends au fond de cette espèce de cave, ce que les gens de mer appellent sans doute la cale...

» Je choisis une paire de fusils... ce sont des Remington, a dit le pirate... Je bourre mes poches de cartouches, et je reviens me mettre à table, avec un arsenal à ma portée.

» J'ai toujours raison, n'est-ce pas?

— Comme si tu étais un descendant de feu la déesse du même nom.

L'absence de Jacques dura cinq minutes à peine. L'explosion des obus ayant désarticulé les caisses, il n'eut pas besoin de recourir à l'effraction. Il lui suffit de choisir deux fusils intacts qu'il remonta, après s'être assuré du parfait fonctionnement du mécanisme.

— Les armes demandées! dit-il gravement.

» Voici les cartouches et les baïonnettes.

» Nous allons donc pouvoir, aussitôt notre déjeuner fini, donner la chasse aux gredins qui nous ont fait passer une si jolie nuit!

— Mettons les morceaux doubles et allons nous placer à l'affût.

— Tu dis à l'affût?

— Sans doute, près de la léproserie.

— Tiens! c'est vrai.

— Le Buttler et son associé ne doivent-ils pas venir, au bout de vingt-quatre heures, recevoir notre capitulation.

— Si, comme je n'en doute pas, ils se présentent, il n'est besoin, avec eux, ni de pourparlers, ni de provocation.

— Allons donc!

» Nous ajustons chacun notre homme et nous faisons feu.

— Sans hésitation comme sans remords.

Craignant de manquer une occasion probablement unique d'accomplir leur œuvre de vengeance, ou plutôt de justice, ils mirent, comme le disait Julien, les morceaux doubles et quittèrent la goëlette, en emportant simplement les restes du jambon, avec une vingtaine de biscuits.

Ils rallièrent la léproserie, et ne purent contempler, sans un frisson, la hideuse prison qui avait failli devenir leur tombeau.

La brèche pratiquée au mur par l'obus était toujours béante, et les lépreux, rangés en demi-cercle devant l'énorme solution de continuité, accablaient de leurs invectives le gardien, qui, accroupi sur la terre, les menaçait du cratère évasé de son tromblon.

Ils obliquèrent sur la droite, et avisèrent un épais bouquet de graminées géantes, bordant un sentier défoncé conduisant vraisemblablement au village de Burro.

L'endroit était on ne peut plus propice à une embuscade. Impossible, en effet, d'arriver, de quelque côté que ce fût, à la porte de la léproserie, sans passer à portée des deux amis qui s'installèrent commodément à l'abri du soleil, après avoir frappé de tous côtés les touffes d'herbes, avec les crosses de leurs fusils, pour écarter les reptiles susceptibles de les avoir précédés.

Par 3° de latitude Nord, presque sous l'équateur, et par une chaleur dont on peut concevoir sans peine l'intensité, la faction était non moins pénible qu'énervante, et il fallait toute l'énergie de Jacques et de Julien, pour ne pas succomber à la torpeur qui les envahissait.

Ils tinrent bon, néanmoins, jusqu'au soir, sans la moindre défaillance, tout étonnés de n'avoir pas vu arriver leurs ennemis.

A défaut d'autre sentiment, l'avidité du capitaine Bob, plus encore que l'âpre désir de vengeance manifesté par Buttler, eût dû les amener devant le lugubre monument.

On ne laisse pas ainsi, en un tel lieu, exposés aux actes désespérés que doit suggérer une pareille réclusion, deux hommes susceptibles de fournir une rançon pouvant atteindre un chiffre fantastique.

Les deux bandits ignoraient certainement la libération des Français. Sinon, ils les eussent empêchés, alors qu'ils s'enfuyaient de la léproserie, d'aller s'armer et se ravitailler à bord de la goëlette.

Qu'étaient-ils devenus depuis la veille? Quel motif, plus impérieux que la cupidité, les tenait donc éloignés? Enfin, où pouvaient-ils être passés avec l'équipage, composé de huit ou dix matelots, dont la présence éloignait toute appréhension d'une mauvaise rencontre.

Jacques et Julien en étaient arrivés, en effet, tant était grand leur désir de se trouver face à face avec les deux misérables, à craindre qu'ils n'eussent été victimes de quelque catastrophe.

Réduits aux conjectures et dans l'impossibilité de trouver un motif plausible à cette absence, ils dînèrent d'un biscuit et de quelques bouchées de jambon, puis s'endormirent en hommes qui, après avoir passé une affreuse nuit d'insomnie, désirent rattraper le temps perdu.

En dépit de la longueur de la nuit équatoriale, et malgré le tintamarre qui accompagne le lent défilé des heures, ils dormirent comme des bienheureux, sur une mince litière d'herbes, et sans même s'occuper des beuglements de la grenouille-taureau, des vociférations du singe, et des hurlements du butor. Leur traversée des Républiques de l'Amérique centrale, de l'isthme de Panama, et de la Colombie, leur avait appris à supporter bien d'autres misères.

Ils s'éveillèrent un peu avant six heures du matin, au moment où le soleil disparu brusquement à l'horizon, douze heures auparavant, presque sans crépuscule, allait se lever sans aurore. La même pensée qui les avait sollicités la veille avec tant de ténacité, se présenta soudain à leur esprit :

« Pourquoi les forbans et leur troupe n'ont-ils pas reparu ? »

Présumant qu'une plus longue faction près de la léproserie n'amènerait aucun résultat, Julien proposa de rallier le village, sans même retourner à la goëlette que la marée désarticulait, et sans plus s'occuper des lépreux, qui, chose étonnante, se trouvaient groupés au milieu de la brèche qu'ils semblaient ne pas oser franchir, malgré l'absence du gardien et de son épique tromblon.

— Partons, répondit Jacques, également persuadé que les gens de Burro pourraient leur fournir, avec un peu de vivres, quelques renseignements relatifs à leurs ennemis.

Au bout d'une heure, le sentier les avait conduits à cette misérable bourgade de Burro.

L'événement justifia pleinement leurs prévisions. Quelques pêcheurs, métis de noirs et d'Indiens, leur assurèrent avoir vendu, la veille au matin, du poisson à dix hommes armés, des blancs qui, après avoir réquisitionné de gré, moins que de force, tous les mulets et tous les conducteurs disponibles, avaient pris précipitamment la direction du Sud, c'est-à-dire l'unique route se dirigeant vers Barbacoas.

Plus de doute. Ces inconnus qui savaient si bien se faire obéir, ne pouvaient être que les forbans.

Ils résolurent aussitôt de leur donner la chasse, bien qu'ils fussent à pied, sans provisions, et que ce projet de poursuivre dix hommes vigoureux, bien armés, ignorant les préjugés, parût être la dernière des folies.

Ils trouvèrent à acheter, mais à un prix exorbitant, un peu de farine de maïs, du sucre, et deux machetes, qui leur étaient indispensables pour traverser la forêt vierge.

Puis, ils se mirent en route sans désemparer pour Barbacoas.

De Burro, ou plutôt, d'Iscuandé, qui se trouve de l'autre côté du fleuve du même nom, on compte environ un degré, soit cent onze kilomètres.

Pareille distance n'a rien d'effrayant pour nos voyageurs, même réduits à l'état de piétons. En temps ordinaire, en dépit des voies de communication absolument invraisemblables qui sont le partage de la Colombie, ils enlèveraient cette distance en moins de trois jours.

Mais, une fois en marche, ils s'aperçoivent que, le « temps ordinaire » qui partout ailleurs amène une succession de bons et de mauvais jours, est, pour la province de Barbacoas, uniformément affreux.

Comme le dit si bien M. Ed. André, l'éminent explorateur de l'*Amérique équinoxiale*, le système climatologique de la région de Barbacoas est unique en son genre. Sa formule est simple : *Il y pleut toujours*. Les saisons si nettement tranchées dans les contrées chaudes de la terre, n'y existent pas.

Sous un pareil régime météorologique, on peut imaginer l'exubérance de la végétation, qui prend un développement prodigieux, égal ou supérieur à tout ce qu'on peut rencontrer dans l'Amérique intertropicale.

Ce n'est plus l'austère forêt primitive, composée uniformément de troncs se profilant à perte de vue, comme les piliers d'une cathédrale sans fin, supportant eux-mêmes un impénétrable dôme de verdure.

La vieille futaie équatoriale a subi des dislocations, à la suite desquelles ont pénétré l'air et la lumière qui, en modifiant les espèces, les ont variées à l'infini, et leur ont donné une vigueur et un éclat incomparables.

Aussi, Jacques et Julien, chez lesquels les splendeurs végétales contemplées depuis longtemps déjà, auraient pu éteindre, ou tout au moins atténuer l'enthousiasme du premier jour, oublient leur pénurie, la fatigue de cette route obstruée de merveilles, la pluie chaude qui les baigne des cheveux aux talons, pour admirer cet incomparable spectacle.

De chaque côté de ce qu'on appelle la route, et qui n'est, en réalité, qu'une sente à peine frayée au milieu des graminées, s'élèvent, dans un désordre plein de charme et d'imprévu, les palmiers, au stipe rigide, au feuillage châtoyant, les *Cedrellas* au tronc énorme, les *Bertholletias* gigantesques, les *Gaïacs* incorruptibles et les précieux *Acajous*. Les *Cyathéas* au tronc noir, à reflets métalliques, étalent la dentelle de leurs immenses feuilles pennées, surmontées de crosses velues. Les *Chamærops* et les *Mauritia* agitent leurs palmes qui semblent des faisceaux d'épées, les *Maximiliana* étranges, aux feuilles longues de trente pieds, qui couronnent un tronc haut de près de cent pieds, rivalisent avec les *Gessenias*, des géants aussi, dont les feuilles dépassent douze mètres...

Sous ces colosses, l'*Héliconia* argenté laisse tomber son épi de fleurs tricolores, à côté du *Balisier* aux cornets pleins de rosée ; l'*Hibiscus ferox* hérisse ses calices rouges et tord ses corolles dorées, au pied de grands roseaux enguirlandées de volubilis aux clochettes d'azur et de pourpre ; il n'est pas jusqu'aux *Piperonias*, aux *Achirantès*, et aux *Bégonias*, qui n'ajoutent un ton, une nuance, à cette infinie variété de couleurs.

En haut, en bas, partout des fleurs... Des parasites innombrables, fins comme des fils, énormes comme des câbles, escaladent les géants, s'enchevêtrent à leurs rameaux, enlacent leurs sommets, pour retomber jusqu'à terre en filaments déliés, tout en étalant, avec une profusion inouïe, leurs fleurs pourpres, jaunes, azurées, diaprées, éblouissantes... *Bauhinias*, *Passiflores*, *Aroïdées*, *Cyclanthées*, *Fougères* grimpantes, *Bignonacées*, *Vanilles*, *Poivriers*, s'épanouissent, solitaires ou par groupes, se courbent en guirlandes, se réunissent en grappes, forment des ombelles ou des gerbes, sur lesquelles rutile et flamboie, comme un semis de gemmes animées, le bourdonnant essaim des insectes.

Malheureusement, la pluie tombait toujours, et les deux amis, après une longue et pénible étape, se demandaient, s'ils allaient bivouaquer ainsi, en plein bois, exposés à un refroidissement susceptible d'amener une fièvre maligne, quand ils arrivèrent en vue d'un village d'aspect singulier.

C'est une véritable petite cité lacustre, avec maisons surélevées, de façon à soustraire les habitants à l'humidité du sol et aux inondations violentes qui désolent traîtreusement la région entière.

Longues de dix à douze mètres, sur six à sept de large, et portées sur quatre poteaux atteignant la hauteur d'un premier étage, ces maisons se composent uniquement d'une toiture en feuilles

de palmier posée sur quatre pieux, dressés aux-
mêmes sur les poteaux servant d'assises. Le
plancher est une simple claire-voie de branches
entrelacées, et recouvertes d'une couche de terre
battue, sur laquelle on allume du feu pour les
besoins de la primitive cuisine des habitants.

On accède à cette demeure aérienne au moyen
d'un tronc d'arbre taillé en crémaillère, et qui
constitue l'unique moyen de communication avec
le sol. Aussi, comme le dit M. Ed. André, les
indigènes ont acquis à cet exercice une telle
habileté, qu'ils se servent de leur poutre aussi
aisément que nous d'un escalier.

Sur le plancher se passe la vie en plein air, car
la maison n'a pas de parois latérales. Sous un
pareil climat, toute clôture serait chose non
seulement superflue, mais encore incommode.
Un simple balcon, haut d'un mètre, et construit
en tiges de palmier dur, encadre l'habitation, et
sert à prévenir les chutes.

Le mobilier se réduit à quelques escabeaux
grossiers, la marmite qui mijote sur les trois
pierres formant la *tulpa*, des calebasses servant
d'assiettes, et des nattes épaisses étalées sur le
plancher.

Chacun couche donc en plein air, sous le simple
abri du toit, voluptueusement allongé sur les

nattes, pendant que la pluie clapote monotone, incessante, sur les feuilles aussi imperméables que l'ardoise.

Si l'averse faisait rage, les deux voyageurs constatèrent, avec bonheur, que la gaieté ne manquait pas dans les habitations, ou plutôt sur les habitations rustiques.

Les notes d'un orchestre du cru trouaient les couches d'air saturées d'humidité, accompagnant des voix aiguës claquant comme des coups de fouet étouffés au milieu du brouillard.

Jacques et Julien ne s'étaient pas trompés. La gaieté rend hospitalier. A peine leur présence fut-elle signalée aux Indiens occupés à danser et à boire le *guarape*, qu'ils furent conviés de tous côtés à prendre part à la fête.

Sachant par expérience qu'une pareille invitation ne devait ni ne pouvait cacher un piège — ces Peaux-Rouges sont absolument inoffensifs — ils se mirent en devoir d'escalader vivement la première venue des maisons lacustres.

Admirablement accueillis grâce à leur double condition d'étrangers et surtout de blancs, frugalement, mais largement restaurés, couverts d'étoffes grossières, mais parfaitement sèches, échangées contre leur défroque trempée, ils savouraient avec délices cette hospitalité primitive, et se laissaient doucement bercer au bruit monotone de la pluie.

Ainsi qu'il en avait l'habitude en pareille circonstance, Julien passa en revue ses papiers les plus précieux : lettres de crédit, passe-ports, notes, etc... enfermés dans sa sacoche heureusement imperméable. Tout était en bon état.

Jacques l'imita et feuilleta son fameux carnet de notes dont les feuilles, bien enserrées par une solide couverture, n'avaient pas laissé transsuder la moindre goutte de pluie.

Il remit le carnet dans sa poche habituelle, placée en dedans et du côté gauche, puis il tâta machinalement la poche de droite habituellement fermée par un bouton.

Il ne put retenir un brusque mouvement de surprise inquiète, en constatant que le bouton était arraché et que la poche pendait déchirée.

— Qu'y a-t-il ? demanda Julien.

— Il y a que, depuis notre entrée à la léproserie, j'ai négligé de m'assurer si ma poche renfermait mon portefeuille.

— De sorte que ?...

— Ce portefeuille est perdu.

— Tant pis.

— Comme tu dis cela !

— Que contenait-il donc de si important?

— Mais, tout simplement la lettre par laquelle mon oncle m'a institué son légataire universel.

CHAPITRE VI

Nouveau ravitaillement à Barbacoas. — La piste du colonel Buttler et du capitaine Bob. — La route du Sud. — Les *cargueros* que l'on pourrait appeler les hommes de somme. — Une « route » dans la Cordillère. — Férocité d'un officier espagnol. — Vengeance d'un *carguero*. — Jacques sera-t-il pris du mal de mer sur le dos de son porteur? — Passage d'un pont. — Le *soroche* ou « mal de montagne ». — La frontière Colombo-Ecuadorienne. — Au fond du ravin du Rio-Chota. — Champ de cannes à sucre. — Morsure d'un serpent corail. — Julien mort ou mutilé.

La perte du portefeuille renfermant le testament qui instituait Jacques Arnaud légataire universel de son oncle, l'ancien fazendero de Jacquari-Mirim, était, en somme, un incident de médiocre importance.

Que pourrait-il, en fin de compte, résulter de cette perte? Quelques difficultés peut-être au moment de la prise de possession. Encore serait-il facile à l'héritier d'attester son individualité à Rio-de-Janeiro, relativement peu éloigné de la Fazenda.

Enfin, le Capataz du défunt devait posséder des instructions formelles, relatives à la remise de l'opulente succession, et être suffisamment édifié sur la personne du légataire, pour éviter tout embarras, petit ou grand.

Telles furent les réflexions par lesquelles Julien de Clénay accueillit la disparition du document, dont l'absence avait tout d'abord désorienté Jacques Arnaud.

Puis, après une hospitalité cordiale, sinon luxueuse, ils avaient quitté, par une pluie battante, le village lacustre, et atteint Barbacoas, sans que l'état de l'atmosphère se fût aucunement modifié.

Barbacoas, petite ville de cinq mille habitants, située au confluent du Telembi et du Guagüi, n'est pas absolument dénué de ressources. Il semble même appelé à un avenir assez prospère, grâce à sa position fluviale qui le fait communiquer directement avec le petit port de l'île Tumaco, où touchent, une fois par mois, les steamers allant du Callao à Panama. En outre, bien qu'il soit élevé seulement de vingt-deux mètres au-dessus du niveau de la mer, il est très sain, et sa situation, à l'extrémité du chemin de Tuquerres, augmente encore son importance commerciale.

Pour la quinzième fois, peut-être, Jacques et Julien, manquant de tout, se ravitaillèrent, et se mirent en devoir de poursuivre sans désemparer leur rude voyage.

Il n'y avait à hésiter ni sur le choix du chemin, ni sur la direction à prendre. Il fallait, bon gré, mal gré, quitter le littoral, et enfiler cette terrible voie des montagnes qui passe par Tuquerres et descend ensuite à Quito.

Le colonel Buttler et son digne associé, le capitaine Bob, conservant toujours leur avance, les avaient précédés de deux jours, tant à Barbacoas, que sur la route qui conduit à la frontière Colombo-Ecuadorienne.

Ce motif eût seul suffi à leur faire prendre cette direction, qui d'ailleurs, concordait avec leur itinéraire.

Julien, sachant les difficultés inouïes auxquelles se heurte, dans cette partie de la Cordillère, le voyageur européen, en parcourant les invraisemblables voies de communication pompeusement dénommées routes, résolut de n'emporter que le strict nécessaire jusqu'à Tuquerres.

Il engagea, en conséquence, quatre porteurs Indiens, de ces vigoureux *cargueros* à la figure imberbe, douce et régulière, aux muscles d'acier, qui se chargent du transbordement des marchandises, là où les bêtes de somme ne peuvent passer. Deux, pour porter les bagages et les provisions, les deux autres pour transporter les voyageurs eux-mêmes.

Jacques protesta tout d'abord à la pensée d'être ainsi véhiculé à dos d'homme, affirmant qu'il suivrait le Peau-Rouge partout où il irait, et que s'il était le plus piètre des navigateurs passés et présents, il pouvait ambitionner le titre d'alpiniste distingué.

Julien sourit sans répondre, attendant un démenti que les événements ne manquèrent pas de donner bientôt à la présomption de son ami.

Tout alla en effet tant bien que mal pendant une trentaine de kilomètres, c'est-à-dire jusqu'à la petite bourgade de Pilcuañ.

Mais bientôt, aux escarpements déjà sérieux pour un jarret d'ascensionniste amateur, étant venus se joindre des ravins hérissés de roches aiguës, obstrués de racines, barrés de troncs d'arbres, coupés de torrents et bordés de précipices, Jacques comprit enfin ce qu'avait d'exorbitant sa prétention de suivre, même à vide, ces incomparables montagnards.

Ce fut donc d'un air absolument décontenancé,

qu'il avisa son porteur et lui demanda, en espagnol d'occasion, de le charger sur son dos.

Celui-ci, qui cheminait silencieusement, sans pouvoir s'expliquer pourquoi le blanc circulait à pied, alors qu'il avait payé pour être porté, s'arrêta, et déposa sur le sol la chaise sur laquelle doit s'asseoir le voyageur. C'est un simple escabeau de bois, très solide, renforcé de courroies, pourvu d'un dossier assez élevé, et d'une planchette sur laquelle l'homme devenu colis pose ses pieds.

Au lieu d'être pourvue de deux bretelles comme le légendaire crochet du commissionnaire parisien, cette chaise porte une large et solide courroie attachée des deux bouts à chaque côté du siège, et dont la partie médiane s'applique au front du *carguero*.

Jacques comprit alors comment et pourquoi l'effort permanent de ces hommes, transportant ainsi des fardeaux énormes par des montées terribles, des descentes vertigineuses, au milieu des abîmes, sur des corniches à pic, entre des roches roulées et des défilés inaccessibles, a donné aux muscles de leur cou ces dimensions exagérées jusqu'à la difformité.

Bien qu'il vît Julien assis déjà dos à dos avec son porteur, il hésita encore un moment avant de prendre place sur ce véhicule original, et somme toute d'aspect peu rassurant.

— Allons ! fit Julien, il faut te résoudre à faire comme moi, ou à marcher à pied.

— Ces gens-là, au moins, sont-ils des hommes sûrs ?

— Moralement et physiquement.

» Ils ignorent les vertiges comme les défaillances et sont d'une grande fidélité.

» Nous ne sommes pas les premiers voyageurs ayant eu affaire à eux, n'est-ce pas.

» Il est évident que celui qui les maltraiterait, serait puni le premier.

— Qui donc, serait assez abandonné de Dieu et des hommes pour commettre un pareil acte de folie !

— Le fait s'est produit une fois au moins.

» Un officier espagnol, traversant le Quindio, ne cessait d'injurier son porteur dont il trouvait l'allure trop lente.

» L'Indien faisait de son mieux, mais le matamore vociférait toujours.

» Il voulait aller plus vite quand même !

» Il boucla ses éperons et lacéra cruellement les flancs du malheureux.

» Arrivé à un endroit où le chemin borde un précipice, l'Indien qui attendait son heure, s'arc-

bouta fortement sur son bâton ferré et d'un vigoureux coup de reins lança l'insulteur dans le gouffre.

» Tous les porteurs du Quindio savent l'histoire, et il y a trois ans, l'un d'eux m'a montré,
à mon premier voyage en Colombie, l'endroit où
fut précipité l'Espagnol.

— Jolie culbute, parfaitement justifiée, fit Jacques en s'asseyant avec résignation sur l'escabeau.

» Pareille chose n'arrivera pas avec nous et loin
d'avoir l'intention de brusquer mon bonhomme,
je lui promets un joli pourboire quand nous serons à destination.

— Sois tranquille ; la promesse a été faite au
début et la prime sera vaillamment gagnée.

Les premiers moments furent horriblement
pénibles pour Jacques Arnaud, quelque peu nerveux qu'il fût.

Cramponné à sa chaise à laquelle il voulait
pour ainsi dire s'incruster, ballotté d'avant en
arrière, éprouvant des déplacements parfois brusques et toujours inattendus, il demeura rigide
comme un homme de pierre sous la pluie qui
continuait à tomber tiède et monotone.

Il eut même par moments une de ces vagues
nausées, accompagnée d'une sensation de cons-
triction aux tempes, comme en éprouvent les personnes qui vont être atteintes du mal de mer.

Le mal de mer !

Cette pensée rendit Jacques furieux. Il ferait beau, vraiment, avoir tâté de tous les procédés de locomotion, sauf un, pour être en proie au mal produit par celui-là seul.

Jacques regimba, intérieurement s'entend, car il avait trop à cœur l'équilibre de son porteur, pour en compromettre la stabilité par un mouvement inconsidéré. Mais, cet effort contenu contre le vertige et la nausée fut couronné d'un plein succès et le voyageur ayant surmonté cette indéfinissable angoisse qui le tenait crispé à son siège, put se laisser aller à cette manœuvre sans charmes, mais aussi sans fatigue.

La chevauchée à dos d'hommes continua plusieurs jours, sans la moindre défaillance de la part des vaillants *cargueros*. Puis, la petite troupe atteignit enfin, toujours par une pluie battante, San-Pablo, un village lacustre, dont l'unique rue, couverte d'une boue liquide et noirâtre, amenée des montagnes voisines par les eaux, est un cloaque permanent.

A San-Pablo, dont l'altitude est d'environ treize cents mètres, se termine le travail des hommes de somme ; le transport à dos de mulet recommence.

Les *cargueros*, payés grassement, s'en allèrent

avec force remerciements, pendant que les voyageurs remettaient leurs destinées chacun à une mule parfaitement étique, mais infiniment plus vigoureuse pourtant que n'eût pu le faire supposer son extérieur délabré.

Un seul guide les accompagna jusqu'à Tuquerres. La route, difficile, presque impraticable, est aussi sûre que nos routes nationales, et les mauvaises rencontres y sont à peu près inconnues.

La seule que Jacques et Julien eussent pu faire — encore la cherchaient-ils — eût été celle du colonel Buttler, du capitaine Bob et des matelots de feu la goëlette, qui les avaient précédés sur cette route de casse-cou.

Le guide les avait croisés deux jours auparavant et n'avait fait, à part leur nombre inusité, que la remarque suivante à leur endroit : « Des señores pressés, mais payant bien ».

Trois heures après avoir quitté San-Pablo, ils atteignirent le Rio-Chuennes, un torrent qui roule sur le flanc du Cumbal, et qui offrirait au voyageur un obstacle infranchissable, si un pont n'avait été jeté sur la coupure trachytique au fond de laquelle il rugit.

Et quel pont !

— Mais, jamais nous ne passerons là-dessus ! ne put s'empêcher de dire Jacques, à l'aspect de

cette construction primitive menaçant ruine à
chaque instant.

Imaginez-vous deux troncs parallèles simplement posés, à chaque extrémité, sur deux traverses
supportées par des madriers fourchus, lesquels
sont fixés entre des roches amoncelées à leur pied.

Point de tablier. Mais des traverses plus petites,
éloignées comme les barreaux d'une échelle et
attachées avec des lianes aux deux troncs qui
forment la charpente.

Des montants hauts d'un mètre et reliés également à leur sommet par des lianes, servent de
garde-fou, et aident le voyageur à sautiller d'un
barreau sur l'autre, pendant qu'il voit rouler au-
dessous de lui, au fond de la faille, les flots laiteux
du torrent.

— Fiez-vous à vos mules, señores, dit le guide
en manière de réponse à l'exclamation de Jacques.

» Lâchez la bride et levez les yeux si vous
craignez le vertige.

Ils suivirent ce conseil si simple et s'en trouvèrent bien.

Après avoir traversé une série de torrents, sur
des ponts plus fantastiques encore, après avoir
pensé se rompre le cou cent fois, et béni aussi
souvent le prodigieux instinct de leurs mules,
ils atteignirent enfin Tuquerres située à une alti-

tude de trois mille mètres, et à huit kilomètres au Sud-Est du volcan d'Azufral empanaché, ce jour-là, de fumée grise.

Tuquerres mérite à peine quelques mots. Sa position élevée lui donne une température moyenne de + 10°. Le voyageur, qui la veille encore, étouffait, grelotte s'il reste immobile. Mais s'il marche un peu vite dans les rues montueuses de la petite cité colombienne, il est pris du mal de montagne ou *soroche* (1), affection très pénible, produite par la raréfaction de l'air.

Dès qu'il a fait quelques pas, il lui faut s'arrêter, essoufflé. Ses jambes fléchissent, sa respiration manque et sa face bleuit; il reprend sa course pour s'arrêter un peu plus loin, et ainsi de suite.

Désireux d'échapper au froid et au *soroche*, Jacques et Julien, pressés d'ailleurs d'arriver à

(1) Ou plutôt *sorroche*. Les conquérants de l'Amérique du Sud, bien que habitués aux fatigues, furent tout surpris de leur peu de vigueur, alors qu'ils gravissaient les points les plus élevés de la chaîne des Andes. Comme ils avaient précisément, lors de leurs plus grandes fatigues dans les montagnes, rencontré d'abondantes mines d'antimoine — en espagnol *Sorroche* — ces naïfs aventuriers ne doutèrent pas que ce fussent les vapeurs de l'antimoine qui déterminaient les maux de tête ainsi que les maux de cœur, et donnèrent le nom de *Sorroche* aux phénomènes ressentis sur la montagne par les bêtes et les gens.

Quito, éloigné de cent quarante kilomètres, ne firent qu'une courte halte à Tuquerres.

Ils franchirent d'une seule traite la distance qui les séparait de la frontière écuadorienne, environ vingt-deux kilomètres, et arrivèrent au fameux pont naturel de Rumichaca, sur le Rio-Carchi qui sépare les deux Républiques.

A huit kilomètres ils trouvèrent Tulcan, la première ville de l'Ecuador (1), où ils reçurent, moyennant finances, naturellement, une hospitalité assez abondante. Ils firent pour la première fois connaissance avec le lit écuadorien le — *cuadro* — un cadre porté sur quatre pieds hauts de cinquante centimètres, et garni en long et en large de fortes lanières de cuir solidement tendues. Sur ce sommier qui n'est ni moelleux ni élastique, on étend une natte. Le lit est fait.

Ils continuent ensuite sans s'arrêter leur route vers le Sud, tantôt montant, tantôt descendant, et et passant alternativement, pendant la même journée, d'une infernale chaleur à une température parfois voisine du point de congélation de l'eau.

(1) Le mot : « équateur » pouvant être pris dans le sens de ligne équatoriale, et amener des confusions, je préfère laisser à la République Sud-Américaine, son nom espagnol : « Ecuador » sans le franciser.

Ils parviennent de la sorte, sans transition, dans la vallée de la Chota, en pleine terre chaude.

Imposante, grandiose, presque terrible, cette vallée, présente un phénomène géologique excessivement rare, en tant que coupure de l'immense chaîne des Andes, cette « épine dorsale » de l'Amérique du Sud.

On ne compte, en effet, que trois points où la Cordillère soit franchement traversée par un véritable fleuve, comme le sont aux « Portes de fer » les Karpathes par le Danube.

Nous mettons, bien entendu, en dehors, ainsi que le fait justement remarquer M. Édouard André, les Andes Chiliennes où se trouvent des défilés complets.

Trois fleuves traversent donc la chaîne géante. Ce sont : le Patia, au Sud de la Nouvelle-Grenade, le Rio Chota, et le Rio Gaillabamba.

Le Rio Chota, qui seul nous occupe en ce moment, roule au fond d'une des plus profondes vallées du globe. Cette vallée, creusée en dépressions de quinze à dix-huit cents mètres, plonge d'une seule venue au-dessous des crêtes de la chaîne orientale.

Son sommet disparaît dans une brume glacée et les cannes à sucre s'épanouissent à sa base. Un peu au-dessus, l'inhospitalière végétation des plateaux rocailleux du Mexique et de la basse Californie est représentée par les euphorbes, les aloès et les agaves.

« Plus profondes et plus étroites que celles des Alpes et des Pyrénées, a dit M. de Humboldt, les vallées des Cordillères offrent les sites les plus sauvages et les plus propres à remplir d'admiration et d'effroi. Ce sont des crevasses dont souvent la profondeur est si grande, que le Vésuve et le Puy de Dôme pourraient y être placés sans que leur cime dépassât le niveau des montagnes les plus voisines. La vallée d'Ordesa, qui descend du mont Perdu, a une profondeur moyenne de neuf cents mètres. En voyageant sur le dos des Andes, nous avons traversé, M. de Bonpland et moi, la fameuse crevasse de Chota qui a plus de quinze cents mètres de profondeur perpendiculaire. Pour donner une idée plus complète de la grandeur de ces phénomènes géologiques, il est utile de faire observer que le fond de ces crevasses n'est que d'un quart moins élevé que les passages du mont Saint-Gothard et du Mont-Cenis. »

Après être descendus au fond de ces gorges énormes, en suivant des pentes arides où l'on ne rencontre pas la moindre goutte d'eau, les deux amis et leur guide, altérés outre mesure, appelaient, de tous leurs vœux, le moment où ils allaient enfin pouvoir étancher leur soif dans le fleuve qui se brisait à plus de trois cents mètres au-dessous d'eux.

Ils se trouvaient sur un vaste plateau accroché au flanc de l'escarpement, sur lequel un champ de cannes à sucre, entouré d'une haie d'aloès, étalait a végétation uniforme.

Les outres étaient vides depuis longtemps, et sauf une flasque d'aguardiente pour l'usage du guide, les voyageurs né possédaient pas une goutte de liquide.

Il leur fallait encore plus de trois quarts d'heure avant d'atteindre le cours d'eau.

L'idée vint tout naturellement à Julien de tromper sa soif en suçant quelques morceaux de canne à sucre.

Il tira son machete, abattit, avec la prudente dextérité d'un vrai coureur des bois, plusieurs énormes feuilles d'aloès, évita la chute de ces feuilles terminées par une redoutable pointe, et pratiqua dans l'immense palissade une voûte sous laquelle il s'engagea lentement.

Sachant par expérience que ces formidables clôtures servent de refuge à tout un monde d'êtres venimeux qui trouvent, à la base des feuilles, un asile inviolable et un abri contre la chaleur torride, il frappa de droite et de gauche, avec la lame de son sabre, pour éloigner l'essaim répugnant des araignées-crabes, des scolopendres, des lézards-caïmans et des serpents.

Il traversa sans encombre la muraille végétale, arriva au champ de cannes, abattit lestement quelques tiges et se baissa pour les ramasser

Sa main gauche étreignait les graminées qu'il n'avait pas encore soulevées de terre, quand il ressentit à l'index une douleur tellement violente, qu'il ne put retenir un cri aigu

Il lâcha précipitamment les cannes, pensant avoir été piqué par une épine d'aloès.

Quelque maître qu'il fût de lui-même, quelque éprouvée que fût sa bravoure, il pâlit affreusement, et sentit une sueur glacée perler à la racine de ses cheveux, en voyant accroché à son doigt, par ses mâchoires contractées et se tordre rageusement, un petit serpent un peu plus gros qu'un porte-plume, et d'une singulière couleur écarlate.

Jacques et le guide, en entendant le cri, avaient bondi sous l'arcade, à travers les gouttes de sève tombant en pluie serrée des feuilles fraîchement coupées.

— Un coral!... s'écria ce dernier au comble de l'épouvante.

»... C'est un corail!... Ah señor!... señor!...

— Comment, bégaya Jacques d'une voix étouffée par une angoisse atroce, c'est un serpent corail!...

— Un des plus terribles qu'on connaisse, répondit Julien reprenant toute sa fermeté.

» Sa morsure ne pardonne jamais...

— Mais, alors, reprit Jacques éperdu, presque défaillant, mais alors...

Il ne put achever, et un sanglot déchirant jaillit de sa poitrine.

—... Je n'ai pas quatre heures à vivre, fit Julien.

»... A moins que...

— A moins que... interrompit Jacques, d'une façon inconsciente, en se raccrochant à un vague espoir.

— ... Je n'abatte à l'instant ce doigt qu'envahit déjà le venin.

Il dit, et sabra tout d'abord, à la volée, d'un coup de revers, le serpent qui n'avait pas lâché prise.

Puis, il allongea son fusil Remington sur le sol, posa à plat, sur la crosse, son doigt au bout duquel apparaissaient deux petits points rouges, et leva son sabre.

Jacques, épouvanté, ferma les yeux et se boucha les oreilles, pour ne pas entendre le coup qui allait mutiler son ami, peut-être sans le sauver.

CHAPITRE VII

Secours inespéré. — Le remède au venin mortel. — Les
fruits du *Cédron*. — Nombreux et salutaires emplois de
ce végétal précieux. — La ville d'Ibarra — La catastrophe du 6 août 1868. — 35,000 victimes. — Le président Garcia Moreno. — Un homme de fer. — Sous
l'Équateur. — Le volcan qui, pendant ses éruptions,
lance des milliers de poissons. — En vue du Cayambe,
le rival du Chimborazo. — Émotion de Jacques. —
Quito. — Quelques mots relatifs à la capitale de
l'Ecuador. — Coup d'œil unique dans le monde. —
Gravité de la situation.

Julien, mordu par le serpent corail, allait donc,
en abattant son doigt d'un coup de sabre, essayer
d'arrêter la marche du venin mortel.

Remède héroïque et désespéré, qui demande
une fermeté inébranlable, et qui, employé en
dehors de toute intervention chirurgicale, n'est
pas exempt de danger, puisque la section laisse

ouvertes des artères qu'une main exercée peut seule ligaturer.

Puis, enfin, cette brutale ablation par soi-même d'une partie de son être, n'est-elle pas une chose atroce!

Julien, sans vouloir s'arrêter aux conséquences de la terrible résolution qu'il venait de prendre, faisant bon marché de la souffrance, des risques consécutifs à l'amputation, et de la mutilation qui en serait fatalement la suite, allait, dans les trois ou quatre secondes, qui suivirent l'accident, laisser retomber lourdement la lame de son sabre sur le membre condamné.

Il en fut brusquement empêché.

Le guide, revenu de sa stupeur première, voyant le geste du blessé, allongea rapidement la main, étreignit vigoureusement celle qui tenait le machete et arrêta net le mouvement.

— Que voulez-vous, mon ami? demanda Julien, presque courroucé devant ce brusque empêchement d'un acte exigeant autant de promptitude que de résolution.

— Espérez, señor, espérez, répondit le métis de sa voix douce, et surtout ne coupez pas votre doigt.

» Voyez-vous, ajouta-t-il naïvement, ça ne repousse pas.

— Espérer... fit Julien.

» Quoi ?

— La guérison.

— Qui donc, pourra me sauver ?

— Moi.

Et comme le blessé, sceptique, haussait les épaules, le guide reprit avec chaleur :

— Tenez, maître, voyez, à cinquante pas d'ici, l'arbre qui fournira le remède infaillible.

— Si tu te trompais !

— Maître, je tiens à la vie.

» Que votre ami m'accompagne jusqu'à l'arbre, en me tenant en joue avec son fusil, s'il doute de ma fidélité, et s'il craint que je prenne la fuite.

» Si après avoir pris le remède, vous n'êtes pas guéri, dès ce soir, et capable de continuer votre route, qu'il me tue.

— C'est bien, j'ai confiance en toi, dit Julien de sa voix brève.

» Mais, fais vite, car je commence à me sentir bien mal.

Le métis bondissait en même temps vers l'arbre qu'il venait de désigner, et l'escaladait avec une agilité de quadrumane.

Dès le début de ce court entretien, Jacques, n'entendant pas le coup qui devait accompagner la mutilation de son ami, avait ouvert les yeux, et restait immobile, presque inerte, sous le poids de l'épouvante et de la douleur.

Puis, les paroles du guide arrivant peu à peu à son cerveau en quelque sorte insensibilisé par cette impression terrible, il en comprit lentement la signification.

L'espérance vainquit cette syncope intellectuelle, pendant laquelle Jacques sentait sombrer sa raison, et il se mit à murmurer, inconsciemment, quelques mots d'encouragement.

Julien, toujours en possession de son sang-froid, analysait, avec un calme inouï, les symptômes qui déjà se manifestaient.

Son doigt, tuméfié presque instantanément, était devenu livide.

— Il n'est plus temps de l'abattre, dit-il froidement.

» L'engourdissement a gagné l'articulation, et ma main commence à se décolorer.

— Tu souffres, n'est-ce pas? demanda anxieusement Jacques.

— Pas trop.

» J'éprouve bien quelques vertiges avec une pointe de nausée, mais c'est peu de chose.

— Et ce guide qui ne revient pas!...

— Espérez!... señores, espérez!... fit une voix joyeuse non moins qu'essoufflée.

Le métis arrivait en même temps au galop, apportant trois fruits gros chacun comme un œuf d'oie, son flacon d'aguardiente, qu'il était allé chercher aux bagages portés par la mule de charge, et un petit vase de fer-blanc, analogue au « quart » de nos soldats.

— Maître, voici le remède, dit-il pendant que Julien jetait sur ces fruits renfermant pour lui la vie, des regards dont on comprend sans peine l'éloquence.

Ces fruits sont des *drupes* (1) d'une chair blanchâtre, assez ferme, qui recouvre un *endocarpe* (noyau) dur, ligneux, au milieu duquel le guide trouve une enveloppe molle, pelliculaire. Il déchire cette enveloppe, en retire deux grosses amandes accolées l'une à l'autre, et les dépose précieusement dans le vase de fer.

Fendre avec son couteau l'enveloppe charnue du second et du troisième fruit, briser avec le manche le noyau, et en extraire de même les amandes, est pour lui l'affaire d'un moment.

Puis, sans perdre une minute, il râpe les six amandes dans le vase, y verse environ huit à

(1) Terme générique servant à désigner tout fruit charnu contenant un noyau ligneux : la cerise, l'abricot, la pêche, la prune sont des *drupes.*

Il s'empare du mouchoir de Jacques et enveloppe le doigt. (Page 121.)

dix cuillerées d'aguardiente — eau-de-vie — et en fait boire la moitié au blessé.

Avisant ensuite le mouchoir sortant de la poche de Jacques, il s'en empare sans façon, le déchire en quatre, en prend un morceau, enveloppe le doigt, et arrose copieusement le linge avec une partie du liquide resté dans le vase de fer.

Un quart d'heure s'est à peine écoulé depuis que Julien a été mordu par le serpent-corail, aussi redoutable, sinon plus que le serpent à sonnettes lui-même.

Il était vraiment temps que le guide intervînt, car pendant les quelques minutes employées à la décortication des fruits et à la confection du breuvage, Julien avait été pris d'une syncope accompagnée de vomissements ; signes infaillibles annonçant l'invasion de l'organisme tout entier par le venin mortel.

Cependant, Julien, secoué par l'absorption de cette drogue incendiaire, dont l'amertume excessive n'était que très imparfaitement dissimulée par l'alcool, s'apprêtait à s'allonger sur le sol en attendant que l'effet curatif se manifestât.

Le guide l'en dissuada et l'engagea au contraire à marcher.

— Croyez-moi, maître, le repos ne vaut rien, pour le moment du moins.

» En marchant un peu, le remède agira plus vite.

— Soit.

» Allons donc voir ce végétal précieux qui doit me sauver la vie.

» Ce pèlerinage est au moins de rigueur.

Ils s'approchèrent lentement, car la robuste musculature du blessé commençait à fléchir, et ils arrivèrent devant un bel arbuste, d'une hauteur de sept à huit mètres, ayant le port d'un palmier, et dont le tronc bien droit est terminé par une cime de grandes feuilles pennées.

Il est tout à la fois couvert de fleurs et de fruits.

Les fleurs, disposées en panicule, portent cinq pétales très étroits, d'un blanc terne à l'extérieur, bruns et duveteux à l'intérieur.

On connaît le fruit dont nous avons esquissé ci-dessus la description.

— Quel nom lui donne-t-on? demanda Jacques.

— Nous l'appelons ici le *Cédron*, répondit le guide, et chacun le regarde comme sacré.

Le hasard, ou plutôt leur bonne étoile, les avait en effet mis en présence de cette simaroubée, dont les propriétés précieuses, nous pourrions dire infaillibles, sont aujourd'hui universellement reconnues.

La conquête du *Cédron* (*Simaba Cedron*) relativement récente, ne remonte qu'à 1828. Des Indiens en apportèrent à Carthagène, quelques graines, annonçant que l'usage de la poudre ou de la teinture de ces amandes guérissait *infailliblement* les personnes ou les animaux mordus par les serpents les plus venimeux.

Pour prouver leur affirmation, ces Indiens n'hésitèrent pas à se faire mordre par les serpents les plus dangereux du pays, et se guérirent sans peine, après avoir toutefois fait mordre après eux, des animaux qui tous succombèrent.

Ces expériences parurent si concluantes, que l'on acheta, au prix d'un doublon la pièce — environ quatre-vingt-trois francs — toutes les graines que l'on put se procurer.

Jusqu'en 1869, ce végétal précieux avait été employé empiriquement, quand un de nos compatriotes, voyageur intrépide, et médecin des plus distingués, le docteur Saffray, eut la bonne fortune de rencontrer le *Cédron*, lors de sa remarquable exploration en Nouvelle-Grenade. Il en fit une étude approfondie au point de vue botanique, et l'employa fréquemment en thérapeutique, tout en soumettant son usage à un contrôle rigoureusement scientifique.

Le résultat dépassa son attente. En effet, les Indiens qu'on eût pu taxer d'exagération, n'avaient rien avancé qui ne fût absolument vrai.

Le docteur Saffray administra fréquemment la noix de Cédron à des personnes portant encore, dans la plaie, les crochets à venin du serpent ayant produit la blessure. Sachant par expérience que ces serpents causaient en quelques heures la mort de leur victime, il eut le bonheur de sauver, sans exception, toutes celles auxquelles il put faire absorber le remède à temps, et toujours la convalescence a été fort courte.

Ce n'est pas tout. Il voulut également s'assurer des propriétés toniques et fébrifuges pour lesquelles il est vanté dans le pays. Son effet a été merveilleux dans des épidémies de dyssenterie, ainsi que dans le traitement des maladies scrofuleuses et de la chlorose.

Mais, c'est surtout pour prévenir et combattre les fièvres intermittentes nerveuses, que les résultats ont été les plus frappants. Contre ce fléau des terres chaudes et humides, le Cédron est plus efficace encore que la quinine ; il guérit radicalement, et ne cause aucun trouble dans l'organisme.

. . . .

Le pèlerinage au Cédron fut de tous points favorable à Julien. Cette marche, conseillée par le guide pour faciliter l'absorption du contrepoison, fut on ne peut plus efficace, et bientôt les symptômes alarmants qui se manifestaient avec une si redoutable intensité, cessèrent comme par enchantement.

Ce fut une sorte de résurrection. Jacques, fou de joie, n'en pouvait croire ses yeux et se livrait à une série d'excentricités fort incompatibles avec sa dignité de blanc.

Julien, heureux d'échapper peu à peu à une mort affreuse, savourait avec ivresse le bonheur de se sentir vivre.

Il n'est pas enfin jusqu'au guide, qui, choyé, fêté par les deux amis, ne se départît de son habituelle taciturnité, pour laisser errer sur ses lèvres un bon sourire, pendant que ses yeux noirs s'allumaient en contemplant ce bonheur dont il était cause.

On campa non loin de l'arbre béni, puis on se mit en route dès l'aube, après avoir fait, cela va sans dire, une ample provision des incomparables amandes.

Julien, à peu près rétabli, enfourcha allègrement sa mule, et la petite troupe, après avoir enfin traversé la vallée de la Chota qui avait failli être si funeste, reprit sa route vers le Sud.

A midi, les trois compagnons faisaient leur entrée dans la ville d'Ibarra, la capitale de la province d'Imbabura.

Cette jolie ville, autrefois une des plus florissantes de la République, située à une altitude d'environ deux mille mètres, n'est plus qu'à 0° 24' de la ligne équinoxiale.

Très saine, admirablement bâtie, possédant des monuments remarquables, peuplée de vingt-cinq mille habitants riches et industrieux, rien ne semblait manquer à cette perle écuadorienne.

Il suffit, hélas! d'une minute, pour la transformer en un monceau de décombres.

Le 16 août 1868, un épouvantable tremblement de terre bouleversa le sol, culbuta des monuments vieux de plusieurs siècles, détruisit la riante cité de fond en comble, écrasa dix mille personnes dans la seule enceinte d'Ibarra, et trente mille dans la province!

Les survivants, sans abri, sans vivres, sans secours, terrifiés par le *temblor*, n'osaient ni remuer, ni manger, ni dormir. Chacun croyant sa dernière heure venue, gémissait plaintivement, attendant la secousse suprême.

Les morts restaient ensevelis sous les décombres.

Le président de la République était alors Garcia Moreno (1) un homme d'une énergie sans pareille.

(1) Le président Garcia Moreno fut assassiné le 6 août 1875. C'était un homme d'une trempe extraordinaire. Caractère

Dès qu'il apprit à Quito la catastrophe et cette panique sans égale, il monta à cheval et arriva d'une traite à Ibarra.

Il était temps. La population terrorisée allait succomber devant les émanations s'exhalant des cadavres. Moreno fit battre le rappel, assembla les habitants sur une place et donna à haute voix l'ordre de déblayer les ruines, de retirer les morts et de les ensevelir.

Personne ne bougea. La situation devenait grave, mais le président était un homme de fer.

Avec l'aide de quelques compagnons déterminés, venus avec lui de la capitale, il fit construire trois potences, puis s'avançant, impassible, le revolver à la main vers les oisifs, il leur posa ce

franc, loyal, généreux, mais autoritaire, violent, il croyait que le peuple écuadorien ne pouvait jouir d'une liberté illimitée.

D'une vie pure et austère, brave à l'excès, travailleur infatigable, il vivait en ascète, dur pour lui comme pour les autres. Si un Indien méritait un châtiment, le président était plus clément pour lui que pour un haut fonctionnaire. Un employé arrivait-il en retard, trois piastres d'amende. Pour un chef de division, c'était quarante piastres. Quand le cadran d'un couvent ne marquait pas l'heure juste, à l'amende, les moines! Une révolte éclate un jour à Guayaquil : il part, crève trois chevaux, fait 90 lieues, tombe comme une bombe en pleine émeute, quand on le croyait à Quito, arrête de sa main les meneurs et les fait fusiller.

(Ed. André. L'Amérique Équinoxiale.)

terrible ultimatum [: Le travail, ou la potence.

La foule céda. Il se mit à la tête des travailleurs, prêcha d'exemple, souleva les pierres, transporta les cadavres, ouvrit les fosses, et ne prit de repos qu'après avoir sauvé d'un mal plus grand encore que le premier les survivants de la catastrophe.

Ibarra ne s'est jamais relevée de ce coup funeste, et quand les deux amis la virent après onze ans, l'aspect des ruines n'était pas sensiblement modifié, en dépit des efforts de la municipalité. Les maisons sont un peu reconstruites, mais, on sent que l'ère de la prospérité est fermée, pour longtemps encore.

Ils séjournèrent seulement douze heures et sortirent au Sud, en vue du volcan d'Imbabura distant seulement de quinze kilomètres. Ce volcan, éteint depuis près de cent ans, rejette de temps en temps d'énormes quantités de boue et de matières organiques. On prétend même que son appellation lui vient de deux mots : *Imba*, nom indigène d'un petit poisson noir, et *bura* produire. Il lança, en effet, en 1691, un nombre incalculable de petits poissons, (le *Pimelodes Cyclopum*) dont quelque lac souterrain doit être le réservoir.

Ils atteignirent successivement et par des chemins invraisemblables, les bourgades de Tupigaché, Tobocundo, et Cachihuango.

A leur gauche, s'élevait majestueusement, à cinq mille neuf cents mètres, le superbe volcan de Cayambé, le seul qui dépasse le Chimborazo dans l'Ecuador.

Julien s'arrêta tout à coup et étendit la main vers l'immense cône tronqué, enveloppé d'une épaisse couche de neige sur laquelle flamboyait, avec un éclat inouï, l'ardent soleil de l'Equateur.

— Sais-tu, demanda-t-il à son ami, en quel point du globe nous nous trouvons?

— Je m'en doute bien un peu, répondit Jacques qui avait recouvré toute sa bonne humeur, depuis la cure merveilleuse dont le Cédron avait fourni les éléments.

» Nous sommes au point où passe cette ligne idéale qui sépare la terre en deux hémisphères; où le soleil de midi ne donne pas d'ombre et peut luire à pic au fond d'un puits, où les jours et les nuits sont exactement de douze heures...

» Nous sommes, enfin, sous l'Equateur, n'est-ce pas?

— Tu dis vrai, répondit en souriant Julien.

— Tu souris... Veux-tu que je te dise pourquoi?

— Bien volontiers.

— Tu t'imagines, que vraisemblablement ton ami, le ci-devant rond-de-cuir de la préfecture de la Seine, va se féliciter d'être arrivé jusqu'ici sans avoir eu le mal de mer, et en évitant le fameux *baptême de la Ligne.*

» Eh bien ! tu te tromperais.

» La vérité « vraie » c'est que je me sens tout ému, mais, là, ce qui s'appelle empoigné, en me trouvant en pareil lieu, et en me remémorant ces paroles d'un illustre voyageur, que la vue de ce géant coiffé de neige évoque dans mon esprit.

— Ces paroles, quelles sont-elles?

— Ce voyageur, M. de Humboldt, je crois, a terminé sa description en ces termes : « ... C'est là que passe cette ligne idéale, comme si la nature avait voulu tracer cette grande division du globe, sur un de ses monuments les plus grandioses. »

. . . .

Le lendemain matin ils étaient à Quito, situé à 0° 13' au-dessous de l'Equateur.

Quel que fût leur désir de poursuivre au plus tôt leur voyage, force leur fut de s'arrêter dans la capitale écuadorienne. La résistance de l'organisme humain a des limites. Un repos de quelques jours n'avait rien de superflu, après de pareilles courses, et surtout après l'ébranlement causé à Julien par la morsure du serpent-corail.

En outre, les nouvelles qu'ils apprirent à leur arrivée étaient assez graves pour nécessiter une étude approfondie de la situation des pays qu'ils allaient avoir à traverser.

Aussi, la vieille cité, en dépit de son originalité, n'obtint-elle que des regards distraits des deux voyageurs, habitués d'ailleurs depuis longtemps à embrasser les aspects d'un coup d'œil et à les retenir.

Il leur suffit d'une demi-journée pour connaître suffisamment la ville (1), assise, à deux mille neuf cents mètres, sur le plateau des Andes, au pied du volcan de Pichincha, dont le cratère, large de douze cents mètres, n'est jamais en repos. Ils firent pour la forme une courte excursion à travers des rues escarpées, où le luxe d'une voiture est absolument inconnu et escaladèrent une colline nommé el Panacillo, comprise dans l'enceinte de la ville, et sur laquelle on voit encore les ruines d'un temple du soleil.

Ils eurent pourtant un moment d'enthousiasme en contemplant du haut de cette colline un panorama unique au monde : sept sommets de volcans, Cayambe, Antizana, Corazon, Sinchu-

(1) Il n'existait en 1870 aucun document officiel relativement à la population de Quito. Selon les uns, le chiffre des habitants s'élevait à quatre-vingt mille, selon les autres, il ne serait pas supérieur à cinquante-cinq mille.

lagua, Ilinisa, Cotopaxi et Pichincha; ces deux derniers en activité.

Redescendus bientôt en pleine réalité, c'est-à-dire dans des rues à faire damner les chèvres et les lamas, ils allèrent rendre visite au consul de France qui les reçut avec la plus affectueuse cordialité, et mit avec obligeance à leur disposition toute les collections des journaux parus depuis plusieurs mois.

Cette gracieuseté était pour eux d'un prix d'autant plus inestimable, que, séparés presque entièrement du monde civilisé depuis leur départ de Mexico, ils ignoraient absolument les graves événements dont le Pérou, la Bolivie et le Chili avaient été le théâtre.

Enfin, informé de leur dessein qu'il jugea de prime abord hérissé de difficultés presque insurmontables, l'aimable fonctionnaire mit le comble à ses bons offices, en leur donnant, sur la situation des trois pays, des détails d'une telle importance, que, s'ils voulaient quand même donner suite à leur audacieux projet, ils pourraient au moins en connaître les risques, et aviser aux moyens de les conjurer.

C'est cette situation que nous allons résumer au chapitre suivant.

CHAPITRE VIII

La guerre du Pacifique. — Les frères ennemis. — Etat déplorable du Pérou et de la Bolivie, au point de vue politique, économique et financier. — Prospérité du Chili. — *Trabajo è cordura.* — Les trésors du désert d'Atacama. — Vaillance et intelligence des travailleurs Chiliens. — Indignes spoliations. — Déclaration de guerre. — Deux mille deux cents soldats commandés par mille officiers! — Les flottes belligérantes. — Blocus d'Iquique. — Première bataille navale. — Les Chiliens jurent de vaincre ou de mourir et tiennent parole. — Héroïsme des marins de la *Esmeralda.* — La corvette coule plutôt que d'amener son pavillon. — Echec des Péruviens. — Perte de la *Independencia.*

Nous sommes aux premiers jours d'octobre 1879. Le lecteur sait déjà qu'une guerre cruelle, dont il est impossible de prévoir la durée, déchire trois républiques Sud-Américaines.

Le Pérou, allié à la Bolivie, est aux prises avec le Chili, et tous trois apportent à la lutte cette âpreté farouche particulière aux dissensions entre gens de même famille, de même pays ou de même race.

Cette lutte, entre trois États issus d'un même tronc originel, qui avaient jadis souffert le même servage et secoué le même joug, est presque une guerre civile. Elle en a la terrible implacabilité.

Nous n'avons pas à entrer ici dans le détail des motifs qui ont produit ce conflit. Ils sont, en somme, peu honorables pour le Pérou et la Bolivie dont les hommes d'État, acculés dans une impasse au fond de laquelle se dressait le spectre de la faillite, voulaient à tout prix une guerre à la faveur de laquelle se masquent les déficits, se redorent les blasons, et s'édifient les fortunes personnelles.

Le terrain était d'ailleurs merveilleusement préparé, au Pérou surtout. N'ayant pour ainsi dire plus rien à perdre et partant tout à gagner, ce pays, bien déchu de son ancienne splendeur, et dont le nom, synonyme d'opulence, est passé en proverbe, en était réduit aux expédients.

Quelque sévère que soit ce jugement, la rigoureuse impartialité dont l'auteur s'est fait une règle absolue l'oblige à en maintenir les termes. Il se contentera de les justifier en citant les quelques lignes suivantes, empruntées à un diplomate dis-

tingué, le comte Charles d'Ursel : « Ce pays (Le
» Pérou en 1876) possédant des produits naturels
» dont il trouvait partout un écoulement facile
» et lucratif, s'est endormi trop longtemps dans
» l'insouciance complète de l'avenir. Chaque nou-
» veau gouvernement amène à sa suite une foule
» de favoris du pouvoir : ceux-ci, devenus fonc-
» tionnaires sont, au premier changement, re-
» traités pour le reste de leurs jours ; leurs veuves
» et même leurs enfants continuent à jouir de
» pensions souvent élevées. Il en résulte que
» chaque citoyen croit l'État tenu de lui faire
» des rentes, et les finances, obérées de ce côté,
» entamées çà et là par des spéculations hasar-
» dées, se trouvent bien vite épuisées.

» Le Pérou, lancé sous la présidence du colonel
» Balta (1868) dans une série d'entreprises aven-
» tureuses, a vu construire des chemins de fer,
» établir des docks, élever des monuments publics
» qui sont plutôt tous de lourdes charges que des
» sources de revenus. Après de sanglantes jour-
» nées, don Manuel Pardo, élu président (1872), a
» sous prétexte de remaniements nécessaires, con-
» tribué à ruiner non seulement le trésor, mais
» encore, le crédit public. La meilleure preuve,
» est que la rente péruvienne cotée il y a quatre
» ans à 74, est tombée à 12 francs (1876). Le pa-

» pier-monnaie, seule valeur en circulation, perd
» de jour en jour : J'ai vu tomber le « sol » à vingt-
» cinq pence, quant au pair il serait à quarante-
» huit !

» Le commerce souffre naturellement de cet
» état de choses, l'importation diminue et il
» semble impossible que bientôt, *à bout de res-
» sources et d'expédients*, le Pérou ne subisse pas
» une de ces crises terribles dont un pays se
» relève difficilement... (1) »

Paroles vraiment prophétiques et qui, trois
ans après, devaient cruellement se réaliser !

« Il ne faudrait cependant pas croire, continue
» M. d'Ursel, qu'on soit dans la prostration à
» Lima. La situation paraît seulement originale
» et chacun se réveillant économiste, développe
» dans les journaux un nouveau moyen de sauver
» la patrie.

» Quant à la révolution, elle est à l'ordre du
» jour, et le premier prétendant venu, réaction-
» naire ou radical, se croit en droit, si l'occasion
» s'en présente, de *mettre tout à feu et à sang*,
» pour le plus grand bien de ses concitoyens. »

La situation n'était pas moins précaire en Bo-

(1) *Sud-Amérique*, par le comte Charles d'Ursel. Librairie
Plon, 10 rue Garancière (Paris).

livie, où une ombre de gouvernement dirige à la diable un fantôme de république.

« En Bolivie, dit notre éminent compatriote
» Charles Wiener (1), le parlement n'existe pour
» ainsi dire qu'à l'état de paragraphe oublié dans
» la charte nationale. Deux cents prétoriens,
» connus sous le nom de « el primer batallon »,
» font et défont les présidents de la République,
» dont *treize sur quatorze*, depuis la fondation de
» la République, sont morts exilés ou assas-
» sinés. »

Ce rapide aperçu a suffi, nous n'en doutons pas, pour édifier suffisamment le lecteur relativement aux deux alliés.

Un mot encore particulier au Pérou, ou plutôt à son armée. En 1878, elle se composait, sur pied de paix, de 4,200 soldats, commandés par 3,870 officiers de toutes classes! parmi lesquels on comptait vingt-six généraux!... plus 5,400 gendarmes ou hommes armés de police. En tout 13,470 hommes; tous foncièrement braves d'ailleurs, durs à la fatigue, sobres, énergiques et ignorant les préjugés.

(1) Envoyé en mission scientifique par le gouvernement français, M. Wiener qui est un écrivain remarquable et un érudit du plus grand mérite, a écrit sous le titre de *Pérou et Bolivie* (Paris, librairie Hachette), un ouvrage hors de pair.

Tout autre était la position du Chili. Échappée depuis 1810 à l'inepte et cruelle domination espagnole, cette république de travailleurs, au lieu de faire de la politique et des prononciamientos, a pris à tâche de justifier sa devise qui se formule en deux mots : *trabajo, cordura* : travail et sens pratique. A dater de 1830, ce pays a offert un spectacle unique dans l'Amérique espagnole, et très rare dans les autres parties du monde : celui de la succession légale et réglée du gouvernement. Depuis 1830, tous les chefs du pouvoir exécutif y sont arrivés en vertu de la loi, sans que jamais aucun ait été imposé par une révolution.

Il est inutile de chercher à détailler la prospérité qui doit résulter d'un semblable état de choses. Il suffit de laisser aux chiffres leur brutale éloquence. Sous la domination espagnole, la population du Chili ne dépassait pas 500,000 habitants, et son revenu atteignait à peine à 2,500,000 francs. En 1879 sa population est de 2,225,000 habitants, et le revenu public s'élève à 107,470,000 francs.

Voilà qui est concluant.

Quant aux causes... *trabajo, cordura*, la vieille devise. Le sens pratique veut la diffusion de l'instruction et le travail de la nation permet de fonder et d'entretenir *treize cent cinquante écoles*, suivies par 90,000 écoliers des deux sexes. On dépense

huit millions par an pour le budget de l'instruction publique, et l'on se contente d'une armée de
3,500 hommes, avec une milice de 22,000 hommes
dont l'entretien ne coûte pas un sou. On supprime
rigoureusement les galons ainsi que les panaches
qui s'épanouissent au Pérou et en Bolivie, en
éclatantes et ruineuses floraisons. Enfin, on
amortit sa dette publique, pendant que les voisins
suspendent le paiement de la leur.

Rien d'étonnant, à ce que cette prospérité ait
excité la jalousie des dits voisins, et produit, de
vieille date, une de ces inimitiés qui n'attendent
plus, pour éclater, que la cause occasionnelle.

La misère, mauvaise conseillère, finit par la
produire. Pendant de longues années, les limites
entre le Chili et la Bolivie furent mal définies. Peu
importait d'ailleurs, la zone neutre n'était qu'un
horrible désert sans eau, où l'on n'osa pas, de
longtemps, s'aventurer jusqu'en 1863.

A cette époque les Chiliens s'y enfoncèrent
intrépidement et surent, au prix de fatigues et
de périls inouïs, découvrir des dépôts de guano,
des mines de cuivre et des gisements de salpêtre.

Bientôt affluèrent les industriels et les travailleurs chiliens qui peuplèrent le désert d'Atacama,
et surent y faire régner l'abondance.

C'est alors que la Bolivie songea à réclamer ces

terrains, en alléguant qu'ils étaient compris dans ses limites, en raison de l'*uti possidetis* de 1810!

Après des négociations fort épineuses, au cours desquelles faillit plusieurs fois intervenir la voix du canon, il fut convenu que le Chili limiterait sa souveraineté effective au 24° de latitude Sud; mais que, en compensation, le produit des dépôts et des droits de douanes à percevoir sur l'exportation des minéraux extraits du territoire entre le 23° et le 25° degré, seraient répartis par moitié entre les deux gouvernements. Ces derniers devaient, en outre, payer par moitié une indemnité de 80,000 piastres (400,000 francs) dues à des particuliers. Ceci se passait le 10 août 1866.

Si le Chili, jusqu'en 1873, observa rigoureusement le traité, la Bolivie, en revanche se contenta d'encaisser la totalité de l'impôt, sans partager avec son voisin, sans même verser un sou de l'indemnité, et chose encore plus inouïe, sans même permettre l'inspection des comptes.

Le Chili négocia et patienta, mais en vain.

La situation devint bientôt de plus en plus intolérable pour les travailleurs et les capitaux de ce pays. En 1866 et 1868, deux citoyens du Chili découvrirent, dans les mêmes contrées, de vastes dépôts de salpêtre et de borax. Ils obtinrent du gouvernement bolivien la concession de ces terrains, à la condition de lui payer une patente annuelle de 50,000 francs, de construire à leurs frais un môle dans la rade alors déserte d'Antofogasta, d'ouvrir dans l'intérieur vingt-cinq lieues de routes carrossables et d'établir des auberges et des dépôts d'eau pour les voyageurs.

Une société s'organisa au Chili, et non seulement elle remplit rigoureusement toutes ces conditions, mais remplaça la route par un chemin de fer. Les dépenses montèrent à 30,000,000 de francs. Le port d'Antofogasta était improvisé.

C'est sur ces entrefaites qu'un autre Chilien découvrit, au fond de ce même désert d'Atacama, l'opulente mine d'argent de Caracoles.

Que de richesses enfouies dans ce désert et dont l'indolente Bolivie ne soupçonnait même pas l'existence!

Dans tout autre pays, ces intrépides travailleurs eussent pu se livrer en sécurité à leur rude labeur. Mais le gouvernement bolivien ayant été une fois de plus renversé, celui qui prit la place ne voulut plus reconnaître les concessions faites antérieurement, en dépit des traités solennellement conclus. Il taxa arbitrairement les sociétés chiliennes, augmenta progressivement leurs redevances, et éleva ses impôts à des chiffres qui devinrent fantastiques.

Le représentant du Chili invoqua la foi des traités. Le gouvernement bolivien refusa de l'entendre et répondit à ses réclamations par un arrêt de confiscation. C'était la ruine pour l'industrie chilienne qui, d'un seul coup, perdit, avec quarante millions, le fruit de douze années d'efforts, pendant que des milliers d'ouvriers se trouvaient sans abri et sans pain, car l'arrêt de confiscation allait être immédiatement suivi d'un arrêt d'expulsion (14 février 1879).

Le Chili se prépara dès lors à empêcher par la force l'exécution de cette indigne piraterie.

Pareil fait s'était produit au Pérou pendant la même période. Plusieurs compagnies financières s'étaient organisées à Santiago et à Valparaiso, pour exploiter les salpêtrières péruviennes de Tarapaca. Comme en Bolivie, l'intelligence, l'énergie des travailleurs chiliens, jointes à la confiance inspirée sur les marchés des deux mondes par les capitalistes de la vaillante petite République, avaient amené la prospérité.

Ils versaient des redevances considérables, mais le travail allait bien, et leurs efforts étaient récompensés. Mais le Pérou, ainsi que nous l'avons dit précédemment, acculé à la banqueroute, poussé par la misère, mauvaise conseillère, suivit les errements de la Bolivie. Au mépris des

traités passés avec les compagnies concession-
naires, il frappa coup sur coup l'industrie des
salpêtres d'impôts écrasants. Cela ne suffit pas,
et l'État complètement à bout, eut l'ingénieuse
idée de monopoliser cette industrie, en se décla-
rant l'unique négociant dans le pays pour le
commerce extérieur. Il devait payer un prix
moyen aux producteurs, et se réservait, comme
bénéfice, la plus-value qu'il obtiendrait dans la
vente.

Naturellement les producteurs ne touchèrent
pas un centime. Bientôt, las de vendre sans être
payés, ils n'exploitèrent plus que pour la forme.
Le rendement tomba à néant.

Le Pérou avait stupidement tué la poule aux
œufs d'or.

Mais son gouvernement, de plus en plus affolé
par les besoins d'argent, résolut d'exploiter pour
son compte. Il fallait pour cela acheter les salpêtrières, les usines, l'outillage, etc.

Acheter... Les hommes d'État péruviens ne
furent pas embarrassés pour si peu. Ils se rendirent acquéreurs, moyennant une quarantaine
de millions, de ce qui au bas mot en valait cent
et payèrent... au moyen d'une simple reconnaissance par laquelle la République s'engageait à
produire les fonds dans un délai déterminé.

Le délai depuis longtemps écoulé, les sommes étaient encore à verser.

Ceci se passait peu de temps avant la résolution prise par le Chili de s'opposer, par la force, à la spoliation projetée par la Bolivie sur les exploitations d'Antofogasta. Un traité d'alliance, tenu rigoureusement secret, unissait à cette dernière le Pérou que la déclaration de guerre surprit vivement, eu égard à la longanimité dont le Chili avait fait preuve jusqu'alors.

En dépit des fanfaronnades étalés par les Boliviens, ils furent rossés à plat par les cinq cents Chiliens débarqués à Antofogasta et qui les atteignirent le 23 mars 1879 au bourg de Calama.

Cette première affaire qui ne fut pour ainsi dire qu'une escarmouche, abattit, pour quelque temps, la *puissance* militaire de la Bolivie (1).

Mais le Pérou, confiant dans la valeur de ses troupes, et surtout dans la force de sa marine, persuadé qu'il ne ferait qu'une bouchée du Chili, résolut de prendre en main les affaires de son

----

(1) L'armée bolivienne, en temps de paix comptait 2,200 soldats commandés par *mille officiers*. Parmi ces officiers, il y avait vingt-deux généraux, cent trente-cinq colonels, et seulement soixante douze sous-lieutenants. Un des bataillons qui portait le nom du chef de l'Etat, et regardé comme corps d'élite, comptait 540 hommes, dont cent soixante-treize seulement étaient simples soldats.

alliée, espérant du même coup, grâce à une campagne rondement menée, sortir de la situation financière contre laquelle il se débattait en désespéré.

Il envoya son ultimatum au Chili.

Mais, quelle amère désillusion dès le début!

Pendant que le gouvernement péruvien déployait une activité dévorante, levait de nouveaux corps, instruisait les recrues, appelait les réserves, armait les milices, remontait sa cavalerie, approvisionnait son artillerie de munitions, d'attelages et de harnachements, et arrivait à mettre sur pied une véritable armée de vingt mille hommes, et non des moins redoutables, le Chili, qui chez lui manifestait la même activité, venait, en outre, tranquillement bloquer le port péruvien d'Iquique.

Et avec quels navires, grand Dieu!

Il fallait plus que de l'audace pour relever aussi fièrement le défi, étant donné surtout l'énorme disproportion des forces navales des deux pays.

Le Pérou possédait dix-huit navires, dont quatre cuirassés : une frégate, l'*Independencia* et trois monitors, le *Huascar*, l'*Atahualpa* et le *Manco-Capac*, deux corvettes et douze navires plus petits, dont un cuirassé.

La marine chilienne se composait seulement

de neuf bâtiments : deux frégates cuirassées, le *Blanco Encalada* et l'*Almirante Cochrane*, deux corvettes en bois, l'*O'Higgins* et le *Chacabuco*, une canonnière en bois, *Magallanes* et quatre petits navires très vieux, à peu près hors de service.

L'amiral chilien Rebolledo, commandant en chef de l'escadre qui stationnait en face d'Iquique, n'en résolut pas moins de remonter jusqu'au Callao, offrir la bataille aux Péruviens. Il laissa, en conséquence, le blocus confié à deux bâtiments, que le mauvais état de leur coque, et de leur machine faisait regarder comme incapables de combattre. C'était la corvette *Esmeralda* qui avait vingt-cinq ans de service, et la petite goélette *Covadonga*, prise aux Espagnols en 1866. En bois toutes les deux, naturellement. La première de 850 tonneaux, avec huit canons de 40 et une machine de 200 chevaux ; la seconde, de 412 tonneaux, avec deux canons de 70 et une machine de 140 chevaux.

C'était le 16 mai 1879.

Quatre jours après, c'est-à-dire le 21, deux puissants navires péruviens, que l'on reconnut bientôt pour l'*Independencia* et le *Huascar*, se présentèrent devant Iquique, persuadés qu'il suffisait de se montrer pour faire lever le blocus et capturer les petits vaisseaux chiliens. Cette prétention n'avait rien d'exagéré, étant donné que la frégate cuirassée *Independencia*, de 2,000 tonneaux, possédait une machine de 550 chevaux, avec 18 gros canons Armstrong et que le monitor *Huascar*, de la jauge de 1,130 tonneaux, avec une machine de 300 chevaux, portait deux canons Armstrong de 300 dans une tourelle tournante, et deux autres canons de 40 placés sur le pont.

Tel ne fut pourtant pas l'avis de don Arturo Prat commandant la *Esmeralda* et de don Carlos Candell commandant de la *Covadonga*. Jeunes tous deux, intrépides et pénétrés de leur devoir, ils résolurent de combattre jusqu'à la mort et de vendre chèrement leur vie.

Ce n'était point là une vaine forfanterie.

Le *Huascar* se lança sur la *Esmeralda* dont la machine asthmatique fonctionnait à peine, et l'*Independencia* se porta contre la *Covadonga*.

Il y eut d'abord un duel d'artillerie dont les cuirassés sortirent parfaitement indemnes, mais à la suite duquel les navires de bois furent fort maltraités. C'était là une simple tentative d'intimidation employée par les Péruviens pour amener 'eurs adversaires à capituler.

Voyant enfin qu'ils n'avaient rien à espérer, ils résolurent d'en finir.

La *Esmeralda* devait être sacrifiée la première.

Le commandant du *Huascar*, furieux de la résistance de cette vieille carcasse de bois, qui, toute criblée de boulets, riposte avec furie, se prépare à l'éventrer de son éperon d'acier.

A deux reprises, la *Esmeralda* évite le choc du monitor. Les deux navires se touchent un moment. On se fusille à bout portant. Les boulets font voler des éclats de muraille ou ricochent sur les blindages.

Le commandant chilien fait clouer son pavillon au grand mât.

Les marins savent ce que cela signifie. On coulera, mais on ne se rendra pas !

La corvette esquive un nouveau choc et se trouve de nouveau bord à bord avec le monitor. Le commandant Prat, suivi d'un officier et d'un soldat, bondit le sabre à la main sur le *Huascar*, en criant à ses matelots électrisés : « A l'abordage ! »

Malheureusement, les deux navires se séparent et l'équipage chilien ne peut suivre son héroïque capitaine. Ce dernier a juré de combattre jusqu'à la mort. Il tient parole et se fait tuer avec ses deux compagnons sur le pont du monitor qui, à ce moment même, se rue pour la troisième fois sur la *Esmeralda* et pénètre dans son flanc comme un coin de fer.

La machine s'arrête et la corvette, frappée à mort, demeure un moment immobile, puis, coule à pic. Les artilleurs ont le temps d'envoyer leur dernière décharge...

Un cri suprême de : Vive le Chili !... retentit sur l'épave qui s'enfonce, puis le pavillon tricolore disparaît le dernier sous les eaux !

La *Esmeralda* et ses intrépides défenseurs ont vécu.

Non pas tous, pourtant, car sur cent quatre-vingts combattants que comptait l'équipage, les embarcations du *Huascar* en recueillirent une soixantaine, la plupart blessés, flottant au-dessus des eaux qui avaient englouti leur navire.

La corvette et les marins allaient être vengés.

Quelque invraisemblable que paraisse le fait, la pauvre petite goëlette à vapeur *Covadonga* tenait bon contre la *Independencia* quatre fois plus grosse qu'elle, et bien que criblée de boulets, ripostait énergiquement avec ses deux uniques pièces, aux dix-huit qui faisaient pleuvoir sur elle un ouragan de fer. Sa machine heureusement était intacte.

Comme tout à l'heure le *Huascar*, la *Independencia* veut en finir, et couler l'intrépide petit navire. Mais le commandant Candell qui connaît admirablement la côte, feint de s'enfuir; et profitant du faible tirant d'eau de sa goëlette, passe audacieusement sur des roches sous-marines. La frégate péruvienne arrive à toute vitesse et s'échoue sur les bas-fonds.

Bien que son bâtiment fasse eau de toutes parts, le commandant de la *Covadonga* revient sur la *Independencia*, achève avec son artillerie la destruction commencée par les écueils et ne quitte le théâtre de la lutte qu'après avoir assuré l'entier anéantissement du plus puissant navire de la flotte péruvienne.

Pendant que le *Huascar* envoyait ses embarcations recueillir les naufragés de la *Independencia*, la *Covodonga*, pouvant à peine tenir la mer, regagnait fièrement le port d'Antofogasta pour réparer ses avaries...

Si après avoir exposé la situation politique et économique des trois Républiques belligérantes, l'auteur a cru devoir raconter en détail cet admirable fait d'armes, il voulait, après avoir proclamé l'héroïque patriotisme des Chiliens, indiquer l'intensité de la surexcitation qui acharnait les uns contre les autres les Hispano-Américains, lesquels allaient bientôt continuer, sur terre et sur mer, avec une fureur toujours croissante, cette lutte sans merci.

Reprenons notre récit.

Le Pérou, manquant d'armes pour ses recrues,

avait, dès le début, conclu des marchés avec les manufactures d'Europe et d'Amérique. Sa déclaration de guerre au Chili avait remonté son crédit, et les fournisseurs escomptaient déjà le chiffre de l'indemnité qu'il imposerait à l'ennemi ; car, nul ne supposait que le Chili pût être victorieux, sauf peut-être les Chiliens.

Les convois d'armes et de munitions se succédaient sans interruption et arrivaient par la voie de l'isthme de Panama, la plus courte et de beaucoup la plus sûre. C'est en vain que les agents consulaires chiliens protestaient énergiquement contre cette violation flagrante de la neutralité. Leurs réclamations ne furent même pas entendues, jusqu'au jour où les succès du Chili abattirent l'arrogance du Pérou, et apprirent, à ces neutres si partiaux, qu'il fallait compter avec la République du Sud-Ouest.

Le gouvernement de la Colombie, ne pouvant plus décemment fermer les yeux sur ce trafic scandaleux, ordonna une enquête. Les résultats en furent concluants. La presse de Bogota voulant alors expliquer ces compromis peu honorables, assura que le gouvernement fédéral de Panama s'était vendu pour une forte somme aux agents du Pérou.

Cette assertion n'a jamais été démentie (1).

De cette façon se trouvent expliqués les faits racontés au début de cette histoire, jusqu'au moment où le colonel Buttler, qui avait trouvé moyen d'entreprendre une fourniture d'armes, se trouva jeté à la côte avec son associé le capitaine Bob, et reconnut, dans les deux naufrageurs involontaires, les Français auxquels il avait voué une haine implacable.

(1) Ce fait est également affirmé par un écrivain distingué, M Diego Barros Arana, qui a écrit une excellente relation de la guerre chilo-péruvienne. (*La guerre du Pacifique.* Librairie militaire de J. Dumaine.)

CHAPITRE IX

Jacques refuse encore une fois de s'embarquer. — Nouvel itinéraire. — Le *mayordomo* et l'*arriero*. — Ce qu'on emporte, pour un voyage dans les Andes. — Physiologie de l'arriero. — Le tasajo. — Le sucre considéré comme un aliment. — La zone des volcans. — Première halte dans un « *tambo* ». — Jacques se déclare plus satisfait que jamais. — En vue du Chimborazo. — Mauvaise route. — Avant d'arriver au défilé de l'Arenal. — Où l'on entend gronder « el Rey ! » — L'orage quotidien dans les Andes. — La tempête est en avance. — Effroyable cataclysme. — Au bord de l'abîme. — Un de moins. — Au secours !...

En dépit des difficultés auxquelles ils allaient certainement se heurter, et des périls qui devaient bientôt se dresser devant eux, ils résolurent, coûte que coûte, de traverser le Pérou et la Bolivie.

Ils arrêtèrent, sauf modifications ultérieures, naturellement, un itinéraire comprenant Guayaquil, avec l'entrée au Pérou à la petite ville de

Tumbez, puis le passage par Trujillo, Lima, Aréquipa, Puño, la traversée du lac Titicaca, puis, Chuquisaca.

On verrait alors à chercher le moyen le plus commode et le plus rapide pour franchir les régions désertes comprises entre la Bolivie, la République Argentine et le Brésil, afin d'atteindre le point ou le 49° de longitude Ouest du méridien de Paris passe par 21° 50′ de latitude Sud.

C'est, on s'en souvient, à ce point d'intersection, qu'est situé la Fazenda de Jacquari-Mirim.

Julien pensait, avec raison, que ce'te voie à travers des pays en guerre offrait, cependant, plus de ressources encore au double point de vue de la rapidité des transports et des facilités de ravitaillement, qu'une autre se dirigeant à travers les grandes solitudes amazoniennes.

Le Pérou et la Bolivie, en somme, sont des nations civilisées, tandis que les pays qui s'étendent à l'Est de ces deux Républiques, sont brésiliens seulement de nom, couverts d'inextricables forêts habitées par des Indiens absolument sauvages, et traversés par des rivières énormes tributaires de l'Amazone, le géant des géants.

Comme jadis le secrétaire de la légation française au Mexique, le consul de France à Quito essaya de combattre leur résolution, et les engagea formellement à s'embarquer à Guayaquil, puis à descendre sans hésiter le Pacifique jusqu'au détroit de Magellan, franchir le détroit, et arriver à Rio par mer.

— Vous pouvez, de la sorte, ajoutait-il, en insistant vivement, terminer votre voyage en moins de vingt-cinq jours de navigation ; tandis que je ne répondrais pas de son accomplissement par terre en vingt-cinq semaines.

— Merci de votre affectueuse insistance, termina Jacques en souriant. Il ne s'agit plus, comme je le disais jadis, de ma folle appréhension du mal de mer, mais d'une simple affaire d'amour-propre.

» En votre qualité de Français, vous comprenez cela mieux que personne, n'est-ce pas ?

» Nous ne voulons pas fléchir en arrivant au but, et nous terminerons, quoi qu'il advienne, notre voyage de *Paris au Brésil par terre.*

Leur résolution étant irrévocable, l'itinéraire arrêté, il restait aux deux amis à opérer leurs préparatifs.

Ce n'est pas peu de chose, croyez-le bien, que la réunion judicieuse des objets indispensables à un pareil voyage, dans des pays civilisés sans doute — ainsi que nous le disions tout à l'heure — mais où les villes sont clair-semées, et reliées entre elles — il conviendrait mieux de dire sé-

parées les uns des autres — par des chemins
presque impraticables.

Comme les accidents ne sont pas rares, et que
le voyageur serait exposé à rester longtemps en
détresse, il doit emporter un peu de tout, quitte
à augmenter le nombre de ses bêtes de somme.

L'argent, heureusement, ne leur manquait pas,
et Julien, sachant par expérience combien il est
désagréable de louer aux entrepreneurs de transport les mules de charge et de selle, prit le parti
infiniment plus sage d'en acheter une douzaine.

Leur guide, auquel ils s'étaient vivement attachés depuis le dramatique épisode du serpent-
corail, s'était, de son côté, pris pour eux d'une
grande sympathie.

Le brave métis leur ayant demandé de rester
avec eux, on pense si cette autorisation lui fut
accordée avec plaisir.

Il fut d'emblée élevé aux importantes fonctions
de *mayordomo*, et nul, par la suite, ne montra
plus de zèle et d'intelligence dans leur accomplissement.

Il se chargea, en conséquence, de l'acquisition
des mules et de l'engagement d'un *arriero*.

L'*arriero*, ou muletier, est un type original,
particulier à la région des Andes. Au nord, au
midi comme au centre, il est toujours le même.

Il frappe à toute volée le condor. (Page 179.)

Son vêtement se compose à peu près uniformément d'un pantalon de coutil, relevé jusqu'aux genoux, d'une chemise quadrillée, très courte, retombant sur le pantalon, et serrée à la taille par un ceinturon d'où pend un long et solide machete.

Il porte, plié en long et jeté sur l'épaule, son *poncho* dont il se couvre en temps et lieu. Enfin, sa face et son cou bronzés, tannés par la pluie et le soleil, sont abrités par un large chapeau de paille surmonté d'une calebasse qui emboîte exactement la coiffe. Cette calebasse lui sert de plat, de tasse et d'assiette.

L'arriero se permet rarement le luxe d'une paire de sandales de cuir. Les bottes lui sont inconnues.

Il marche ordinairement pieds nus, appuyé sur un long bâton armé d'un fer tranchant, large de quatre ou cinq centimètres. C'est son *regaton* dont il se sert pour faire, çà et là, au chemin quelques améliorations temporaires. Là, il étend un peu de terre sur une pente trop glissante, et il creuse des petits trous pour assurer le pied de la mule. Un coup de *regaton*, donné à propos, empêche une mule de se perdre avec sa charge, quand on côtoie un précipice.

Enfin, pour terminer la courte monographie

de cet indispensable auxiliaire du voyageur dans les Andes, ajoutons qu'il est exact, sobre, laborieux et honnête. L'exception à cette règle, presque absolue, est excessivement rare.

On n'a pour ainsi dire jamais entendu parler qu'un *arriero* ait détourné un ballot précieux. Toute son ambition est d'économiser loyalement un pécule suffisant à l'acquisition de quelques mules.

Le nouveau *mayordomo*, après avoir négocié l'achat des bêtes, et opéré l'engagement de l'homme chargé de les conduire, s'occupa, en compagnie de Julien, des vivres et des objets de campement.

La température est parfois assez aigre sur les hauteurs. Aussi, le voyageur sachant que très souvent les *tambos* (1) manquent et qu'il est désagréable de coucher à la belle étoile, acheta-t-il une tente assez légère, en toile, destinée à remplacer les ajoupas de branches et de feuilles que l'on construit en l'absence du *tambo*.

Il fit également préparer des *encerados*, toiles goudronnées du pays, analogues à nos prélarts, mais infiniment moins pesantes. Elles sont des-

____

(1) Hangars élevés sur les chemins par les habitants des bourgs ou des villes. C'est à peu près la *venta* mexicaine, mais incomparablement moins confortable.

tinées à recouvrir les paquets portés par les mules, et à assurer la complète imperméabilité de leur contenu. D'autres prélarts, plus grands, servent de couche. On les étend sur le sol et ils préservent admirable.nent le dormeur de l'humidité.

Il se procura, en outre, des *rejos* ou cordes de cuir, une bouilloire en cuivre pour le chocolat, une marmite en fer, des haches, des machetes, quelques calebasses et des *mochilas*, sortes de sacs en fibres de *Fourcroya*, pour contenir les provisions.

En fait de vivres, il fit emballer une ample provision de farine de maïs grillée, de la farine de haricots, des bananes en tranches minces et grillées au four, du *tasajo* un peu vieux et bien sec, avec du sucre de canne brut, ou *panela*, du chocolat, du sel et du café.

Des calebasses, des tronçons de bambou fermés avec des feuilles larges et flexibles, fournissent, entourés d'une épaisse couche de paille et empaquetés dans les toiles imperméables, un emballage parfait.

On connaît le *tasajo*, ce mets peu délicat, parfois trop odorant, mais qui possède l'avantage de rester longtemps inaltérable, d'être bon marché et de se préparer très vite. C'est tout simplement de la viande coupée en minces lanières, et séchée au soleil après avoir été salée. Renfermé dans des *petacas* — espèces de boîtes en cuir brut, — le *tasajo* se conserve plusieurs mois. Il suffit, pour le préparer, de le broyer entre deux pierres et de le faire frire.

Quant au sucre brut — *panela* — il est prudent d'en emporter une quantité considérable. Ce sucre, qui n'est que la cassonade, entre pour une large part dans l'alimentation de l'habitant des Andes, puisque un travailleur aux mines et dans les fermes en reçoit de trois cents à quatre cents grammes par jour.

Les gens du pays, quand ils voyagent, n'emportent souvent que du pain de maïs et de la *panela*. Les muletiers se contentent, pendant le jour, de manger du sucre arrosé d'eau fraîche.

On sait que le sucre est par excellence un aliment respiratoire, c'est-à-dire susceptible de fournir, sous un petit volume, les matériaux nécessaires à la combustion pulmonaire qui entretient la chaleur animale.

Le maïs, la plus riche des céréales en principes gras et azotés, le cacao avec un peu de viande, suffisent en conséquence à former avec le sucre une alimentation complète (1).

____

(1) Chez l'Européen, dit le docteur Saffray, l'usage du sucre à haute dose produit d'abord quelques accidents bi-

Aussi l'eau sucrée figure-t-elle au même titre que le chocolat, dans le repas du soir.

Enfin, le voyageur soucieux de sa monture et même de ses autres bêtes, ne doit pas hésiter à se charger de quelques kilogrammes de plus. Les mules, fort friandes de pancla acquièrent, par l'usage de cette substance, plus de vivacité, et plus d'endurance à la fatigue provoquée par les montées.

Il eût été fort difficile de réunir tous ces objets disparates, enfermés dans des récipients de formes irrégulières, pour en faire des ballots symétriques, sans la prodigieuse habileté commune aux arrieros ; habileté que partageait naturellement le nouveau serviteur des deux Français.

Pour être transportés à dos de mulet, les colis ordinaires ne doivent pas avoir plus de quatre-vingt-cinq centimètres de long, sur quarante-cinq centimètres de haut, et autant de large. Leur poids ne doit guère dépasser cinquante kilogrammes. Soixante est un maximum rarement atteint.

Quelquefois pourtant, et dans des cas tout à fait exceptionnels, un colis volumineux, mais dont le poids ne doit pas dépasser soixante-quinze à

lieux, mais il s'y habitue facilement et le regarde bientôt comme indispensable.

quatre-vingts kilogrammes, peut s'accommoder seul sur le dos d'une mule.

Pour préserver des chocs et de la pluie les caisses et les ballots il faut, avons-nous dit, les envelopper d'une épaisse couche de paille que recouvrent les *encerados*, toiles goudronnées appliquées à chaud.

Enfin, tout fut paré, comme disent les marins, et la troupe, composée des deux Français, de l'arriero, du métis, de deux péons et de douze mules, quitta la capitale de l'Ecuador le 2 novembre de grand matin.

Les voyageurs descendirent du Nord au Sud en suivant le 81ᵉ degré de longitude Ouest, jusqu'au premier parallèle Sud. Ils traversèrent cette singulière région volcanique, d'où émergent les cratères éteints de l'Atacatzo, du Corazon, de l'Iniza et du Ruminagui, et où gronde le terrible Cotopaxi qui, deux ans auparavant, a ravagé la contrée.

Après avoir suivi un chemin frayé à travers les cendres et les pierres ponces rejetées, aux jours de fureur, par le géant équatorial, ils dépassèrent la petite ville de Tocugna et continuèrent à marcher jusqu'à un *tambo* qu'ils atteignirent seulement à la nuit.

Ce tambo, qui s'élève près du Rio Ambato est

presque luxueux comparé à ceux qu'ils ont ren-
contrés jusqu'alors.

Il est fermé par une barrière composée de deux
montants, percés d'ouvertures dans lesquelles
glissent des barres latérales produisant une oc-
clusion suffisante pour empêcher les animaux de
s'échapper.

Les mules, fatiguées, redressent la tête au moment où la barrière s'ouvre sous la poussée du
mayordome. Celui-ci remet la fermeture en place
et s'occupe aussitôt d'aider ses compagnons. Les
colis sont déchargés et rangés sous le toit, les
bâts sont empilés, les cordes et les longes servant à assujettir les charges sont enroulées, et
les mules, laissées en liberté dans l'enceinte, re-
çoivent leur provende.

Tout est bien en ordre. On s'occupe alors du
souper. Le mayordomo, toujours infatigable, va
puiser de l'eau dans un seau de cuir qu'il trouve
accroché à un poteau. Son compagnon l'arriero
rapproche les tisons et la braise dans la cheminée
formée de quatre morceaux de roche, il bat le
briquet sur de l'amadou tiré de la moelle du
maguey et bientôt une flamme éclatante ronfle
sous la marmite, dans laquelle s'agitent les morceaux de tasajo mêlés aux rondelles de bananes.

Au bout d'une demi-heure un potage nourris-

sant, sinon délicat, fume dans la soupière de fer.
Les convives, fraternellement groupés sur le sol,
font honneur à ce repas primitif, avec un appétit
excité par l'atmosphère vivifiante des plateaux
écuadoriens. Ils ont pour entremets un morceau
de sucre brut, et pour dessert du chocolat mé-
langé de farine de maïs.

Jacques, en veine d'optimisme, déclare que
tout est pour le mieux dans le meilleur des
mondes, et que ce souper est exquis.

Julien, rompu par cette terrible chevauchée,
approuve sans enthousiasme. Il s'étend bientôt
sur sa toile goudronnée, s'enveloppe dans sa
couverture, et allume un cigare qu'il laisse
presque aussitôt éteindre, tant le sommeil l'envahit rapidement.

Le lendemain, dès l'aube, chacun se réveille
frais et dispos. Les serviteurs opèrent inverse-
ment la manœuvre de la veille. Puis, après un
repas non moins élémentaire que le précédent, les
bêtes sont harnachées et chargées. L'arriero
remet en place le seau de cuir qui a servi à puiser
l'eau, il arrange les restes du feu de manière à
permettre aux voyageurs qui viendront ensuite
de le rallumer facilement, et il sort le dernier,
après avoir soigneusement fermé la barrière du
tambo.

Après une nouvelle halte et une course non moins pénible, on voit apparaître le cône tronqué du Carihuaïrazo, un volcan éteint depuis 1699, et dont le sommet, haut de cinq mille cent mètres, est couvert de neiges éternelles.

Voici bientôt le Chimborazo, « el Rey », comme l'appellent les habitants, dont la cime d'une blancheur immaculée s'élance dans le bleu intense du firmament, à une hauteur de cinq mille six cents mètres.

La route accidentée, obstruée çà et là d'énormes blocs de trachytes lancés par le volcan, est bientôt enserrée entre d'épais mamelons. Puis, elle se transforme en une sorte de corniche taillée à pic dans le sable volcanique durci à l'air, et sur lequel des voyageurs ont écrit leurs noms.

D'autres, ont creusé dans la paroi des trous dans lesquels ils ont enfoncé des crânes humains qui grimacent étrangement, enchâssés ainsi dans la scorie noirâtre.

Jacques ne peut s'empêcher de faire une remarque relative à la destination pour le moins singulière de ces lugubres débris, et à leur abondance sur ce sol tourmenté.

— Ah ! señor, répondit l'arriero, c'est que nous sommes dans un bien mauvais endroit

— Vraiment ?

— Oui, nous approchons de l' *Arenal*.

— Je connais cela, interrompit Julien.

» C'est le fameux défilé de sable, bordé par des précipices, où s'élève chaque jour, après midi, une furieuse tempête de vent, à laquelle rien ne résiste.

— Vous connaissez l'*Arenal*, señor, demande l'arriero stupéfait.

— Parbleu ! Je le connais ainsi que la Quebrada de Totorillas, près de laquelle nous ferons bien de ne pas nous éterniser demain, si nous voulons franchir, avant la tourmente, ce défilé d'enfer.

— Mais, tout cela, reprit Jacques, ne m'indique pas la provenance de ces ossements d'hommes et d'animaux.

— Ce sont tout simplement des victimes imprudentes de cette tempête quotidienne.

— Ah ! señor ! ... señor !... s'écria tout à coup le guide épouvanté.

— Eh ! bien, quoi ! Qu'y a-t-il ?

— C'est que nous n'atteindrons même pas Totorillas... car, la tempête va se déchaîner sur nous.

— C'est impossible !

— Voyez les nuages... Entendez les hurlements du vent...

» Tenez !... le soleil se couvre !

» Écoutez : On entend gronder « El Rey » !...

» Santa Madona ! ayez pitié de nous ! nous sommes perdus.

Un orage épouvantable éclate en effet, avec la soudaineté particulière aux météores de la région équatoriale.

Julien vient de dire : c'est impossible; et la réalité lui donne un terrible démenti.

C'est aussi, que de mémoire d'homme, on n'a pour ainsi dire jamais vu éclater dans la matinée, les orages qui se produisent quotidiennement et d'une façon à peu près invariable, l'*après-midi*, dans certains points des Cordillères.

Le jeune homme n'a pas le temps de chercher la cause probable de cette anomalie dans un mouvement éruptif du Chimborazo, car, il se trouve enveloppé dans un tourbillon de vent, de pluie et de grêle qui le terrasse et le roule au milieu des mules qui s'abattent sur le sol.

Ce déchaînement des éléments a été aussi subit que l'arrivée d'une trombe. La zone torride et surtout l'Ecuador, ce pays par excellence des convulsions de la nature, réservent de ces surprises à l'homme des pays tempérés.

Julien ébloui, étourdi, assommé, incapable de mouvement, n'a pour ainsi dire plus conscience de son être, au milieu d'un pareil chaos.

Le ciel en feu, projette des torrents de flammes qui se brisent aux flancs du volcan. Les cavernes qui semblent vomir des éclairs, répercutent les effroyables détonations de la foudre. La tempête mugit, et passe en arrachant les roches qui bondissent dans les abîmes, la grêle crépite en rafales stridentes...

Tout ce qui vivait tout à l'heure, semble anéanti !

Cet épouvantable cataclysme dure deux heures.

Puis, la trombe déchire enfin les nuées qui étreignaient la montagne. Les rugissements de la foudre s'apaisent peu à peu, la pluie cesse, et une coulée de soleil empourpre un moment la coupole de neige qui surmonte le géant.

Les mules, averties par leur instinct, s'étaient couchées à plat sur le sol, de façon à offrir moins de prise à l'ouragan. C'est ce qui les empêcha d'être balayées comme des fétus au fond de l'abîme.

Julien, se relève aussitôt, et aperçoit Jacques incrusté le long d'une roche. Celui-ci voyant son ami en son entier, pousse un vivat retentissant.

A ce cri, le muletier et les deux péons allongés au milieu de leurs bêtes, se dressent et font éclater des cris d'allégresse.

— Et le mayordome! s'écrie tout à coup Julien en constatant l'absence de son sauveur.

En même temps, une plainte lugubre s'élevait du précipice, et montait avec un horrible accent d'angoisse et de douleur.

— A moi maître !...

» A moi !... Sauvez votre serviteur.

CHAPITRE X

Il faut sauver le mayordomo. — Combat de générosité. —
Projet audacieux. — Julien descendra dans l'abîme. —
Vertige. — Le brigand des airs. — Attaque d'un condor.
— Moment d'angoisse. — La lutte au bord d'un préci-
pice. — Coup de sabre. — Entreprise difficile. — Sauvés.
— Comment le voyageur fait expier ses angoisses. —
Touchante reconnaissance. — Au nom de l'humanité!
— Passage de l'*Arenal*. — Retour aux terres chaudes.
— Premiers lamas. — En vue de Guayaquil.

En entendant leur serviteur proférer cet appel
déchirant, Jacques et Julien, insoucieux du vertige, se penchent au-dessus de l'abîme dont ils
sondent anxieusement les profondeurs.

Leur regard plonge tout d'abord au fond de la
coupure béante, dont la paroi formée de schistes
mêlés à des débris volcaniques, descend presque
verticalement, à plus de cinq cents mètres.

Cette paroi, produite vraisemblablement par

une convulsion géologique, n'offre pas une surface plane comme un mur ; mais présente, au contraire, des saillies, et des anfractuosités résultant de cette brusque rupture.

Çà et là, végètent, suspendues au-dessus du vide, incrustées aux fissures, quelques calcéolaires, mêlées à des eupatoires qui trouvent moyen d'émettre des rameaux couverts de feuilles et de fleurs.

Puis, leur regard, après avoir inventorié la partie moyenne de l'escarpement, remonte lentement, vers le point d'où partent de nouveaux appels.

Grâce à un hasard miraculeux, le métis, enlevé comme une plume par la rafale, avait roulé au milieu d'un buisson d'eupatoires. Il resta pendant la tempête accroché aux minces brindilles, sans oser faire un mouvement, et tremblant, à chaque instant, de sentir s'arracher de leur alvéole de pierre, les frêles racines qui pliaient sous son poids.

— Le malheureux ! murmura Julien en frémissant.

— Comment le sauver ! fit Jacques non moins ému.

» Il est à plus de cinquante mètres de nous.

— Il le faut pourtant, reprit d'une voix brève

Julien, dans l'esprit duquel vient de germer un projet audacieux.

» Combien as-tu de *rejos* (1) de rechange ? dit-il à l'arriero glacé de terreur, à la vue de son compagnon dans cette horrible position.

— Trois, seulement, maître.

— De chacun dix mètres.

» Mis bout à bout, cela fait trente mètres.

» Solides?... pouvant porter un homme?...

— Deux s'il le faut, maître.

— Bien.

» Toi, Jacques, écoute-moi.

» Je vais m'attacher sous les bras cette lanière de cuir.

» Puis, vous allez prendre dans vos mains l'extrémité libre, et me laisser filer doucement dans la faille.

— Non, riposta résolument Jacques.

» Ça c'est de la gymnastique, et ça me regarde.

» A moi de descendre...

— Pas de discussions oiseuses... le temps presse.

» Et d'ailleurs, tu es d'un quart plus lourd que moi.

» Laisse-moi donc faire.

— Mais, malheureux, les trois *rejos* réunis n'ont que trente mètres !

(1) Cordes en cuir servant à maintenir les charges.

» Que feras-tu, une fois arrivé au bout?

— Tu vois, cette petite plate-forme, large d'un mètre, qui se trouve au-dessus du buisson où l'angoisse fait agoniser ce pauvre enfant.

— Oui, sans doute.

— Je m'arrêterai là, puis, vous lâcherez la corde et je la laisserai filer jusqu'à lui.

» Il s'y cramponnera, et je le hisserai jusqu'à moi, à moins que je ne trouve un point d'appui pour crocher mon amarre, et qu'il soit capable de s'enlever à la force des poignets.

— Et pour remonter tous deux?

— Vous avez bien trente mètres de ficelle, sinon, vous nouerez bout à bout les longes des mules.

» Tu n'auras qu'à les laisser pendre dans le précipice.

» J'attacherai le bout libre du *rejo* à l'extrémité, puis, quand vous l'aurez en mains, vous hisserez à mon signal.

» C'est compris, n'est-ce-pas?

— C'est compris, mais...

— Pas un mot de plus et en avant!

A ces mots, l'intrépide Français attache solidement sous ses aisselles la flexible lanière de cuir que l'arriero entoure, comme d'un manchon, avec une toile goudronnée, de façon à empêcher qu'elle ne frotte sur le roc.

Puis, sans ajouter une parole, il tourne le dos à l'abîme, se laisse glisser lentement, pendant que Jacques et l'arriéro, solidement arc-boutés, laissent doucement filer le *rejo*.

Après deux minutes qui leur semblent deux siècles, ils ne sentent plus aucune résistance.

— Lâchez tout ! crie Julien arrivé sans encombre sur la plate-forme.

» Puis, s'adressant au mayordomo qui, voyant arriver du secours, a cessé ses appels déchirants :

— Courage ! enfant, voici le salut.

Jacques vient de laisser retomber la corde. Julien, la détache de sa poitrine, puis, se mettant à plat ventre sur le minuscule palier, il la fait couler vers le métis qui se trouve en contrebas, à environ quinze mètres.

— Es-tu capable de monter seul, ou dois-je te hisser ? lui demande-t-il rapidement.

— Jamais je ne pourrai, gémit le malheureux garçon...

» Je suis brisé.

— Tiens, passe donc ce nœud coulant autour de ton corps, et laisse-toi aller.

» Il est grand temps. n'est-ce pas, continue

Julien qui, conservant son prodigieux sang-froid, fait autour d'une pointe de roche, avec son amarre, ce que les marins appellent deux tours morts.

» C'est fait ?

— Oui ! répond l'autre d'une voix étouffée.

Alors, Julien raidissant ses muscles, cambrant ses reins en arrière, incrustant pour ainsi dire ses pieds à la plate-forme, commence lentement, avec d'infinies précautions, le sauvetage du métis.

Celui-ci, pris de vertige, aveuglé par les lueurs crues venues d'en haut, étourdi par les grondements mystérieux qui montent du fond de l'abîme, pend, inerte, au-dessus du vide.

Il n'a plus la force de s'aider... peut-être même, après les efforts terribles qu'il a opérés depuis deux heures, pour demeurer ainsi accroché à son frêle appui, n'a-t-il plus conscience de lui même.

Julien, superbe d'audace et de vigueur, continue sans précipitation, cette opération rendue plus délicate encore par l'inertie du pauvre diable...

Celui-ci n'est plus qu'à cinq mètres...

Dans deux minutes, il sera sauvé...

Tout à coup, un cri terrible échappe à Jacques, à l'arriero et aux deux péons qui suivent haletants, les phases du sauvetage.

En même temps, Julien voit une ombre se projeter comme un nuage sur le rocher où il se tient, et un sifflement rapide, accompagné d'un énorme bruissement d'ailes se fait entendre.

Un oiseau, monstrueux comme ceux des contes orientaux, au sombre plumage noir-bleu, à l'œil irisé de jaune, féroce comme celui d'un tigre, à la tête plate, déprimée, portée sur un cou robuste, rougeâtre, pelé, répugnant, apparaît et demeure immobile une seconde au-dessus du groupe.

C'est un condor! le vautour géant des Andes, qui atteint parfois quatre mètres d'envergure, et dont la vigueur égale la cruauté... Le rapace qui attaque les grands mammifères, et ne craint pas d'affronter l'homme lui-même, quand il est malade ou désarmé.

Des hauteurs infinies où il aime à planer, de cette inaccessible région des neiges éternelles, où il reste sans mouvement, des heures entières, les ailes éployées, ivre d'espace et de lumière, il a vu cet homme, semblable à un cadavre, tournoyer au-dessus du précipice.

Sollicité par la vue de cette proie, en raison de sa gloutonnerie proverbiale (1) toujours en

(1) Les Péruviens emploient pour chasser le condor un procédé aussi simple qu'original. Ils tuent un ou plusieurs

éveil, et toujours inassouvie, il s'est précipité, ou plutôt s'est laissé tomber comme une masse, avec une précision diabolique, juste sur le point où se trouve l'objet de sa hideuse convoitise : puis il a ouvert ses ailes colossales qui ont fait parachute, et ont, par une vigoureuse contraction, arrêté net cette chute vertigineuse.

Maintenant, il se prépare à attaquer. Il voit deux hommes dans la détresse : un vivant et un mort.

Il veut au moins ce dernier. C'est pour lui le repas d'un jour.

Projetant en avant ses deux serres couleur de soufre, armées d'ongles aigus et rigides comme des crampons de fer, dardant également dans la même direction, sa tête plate, au bec démesuré, et cambrant du même coup ses ailes en arrière, il se trouve dans un plan presque vertical.

Il semble chercher du regard une place pour enfoncer ses ongles, afin de bien se fixer à la proie, et frapper sûrement avec son bec un organe essentiel.

bœufs et laissent les condors se repaître de leur chair. Ceux-ci se gorgent à tel point qu'ils ne peuvent plus s'envoler. Les chasseurs se présentent alors armés de bâtons et de lacets. Les condors essaient vainement de s'enlever. Ils sont étranglés ou assommés sans résistance.

Julien pousse un cri strident qui étonne le monstre et fait mollir son attaque. Le métis en est quitte pour un violent coup d'aile.

L'intrépide sauveteur, sentant que les secondes valent des heures, hale de toutes ses forces sur la corde, et réussit, dans un suprême effort, à amener jusqu'au niveau du palier l'homme toujours immobile.

Ah! si le malheureux pouvait se cramponner à la roche et aider, si peu que ce fût, à cette traction qui brise les forces de Julien!

Pour la seconde fois, le condor se rue sur l'homme qui tente sa voracité.

Eh! quoi, tant d'efforts vont-ils être superflus! Le Français n'a-t-il ravi ce malheureux à l'abîme, que pour le voir mutiler sous ses yeux par le hideux rapace.

Alors, Julien, furieux, surexcité par l'imminence du péril, sent ses forces décuplées au point d'accomplir un acte de folle témérité.

Sans même supposer qu'il peut être à l'instant même entraîné dans le gouffre et obéissant à une de ces impulsions irrésistibles tant elles sont spontanées, il passe deux fois autour de son poignet gauche la laisse de cuir, arrache du même coup, avec sa main droite, son machete du fourreau, et là, courbé au-dessus du vide, supportant d'une seule main le poids tout entier d'un homme pendant six secondes, il frappe, à toute volée, le condor dont le bec va ouvrir la gorge du malheureux.

La lame tombe avec un bruit sec sur la tête du brigand des airs, et lui fend le crâne...

Ses ailes se plient soudain, et il roule au fond du précipice, précédé par le sabre qui, échappant à la main de Julien, rebondit sur les roches avec un bruit clair de métal heurté.

En même temps, le mayordomo ouvre les yeux. La mémoire lui revient aussitôt. Il a conscience de la généreuse tentative opérée par son maître. Ses doigts crispés se cramponnent au roc et cet effort instinctif, si faible qu'il soit, permet à Julien de reprendre à deux mains le *rejo*, puis de haler enfin près de lui le pauvre diable.

Ce formidable effort l'a épuisé. Il s'assied un moment, de peur d'être pris par un vertige que pourrait produire le subit afflux de sang à son cerveau.

Mais les défaillances sont aussi rares que passagères, chez de tels hommes.

Il entend la voix de Jacques :

— Attache les *rejos* à la ficelle qui descend lestée par une pierre.

» C'est fait?

— Oui... enlève...

— Bon, amarre maintenant le camarade, que nous lui fassions opérer le voyage sans plus tarder.

— Oh! hisse!...

A ces mots, Jacques aidé de l'arrière et des deux péons — abondance de force ne nuit pas — hale sur la corde avec une vigueur irrésistible.

Le métis secoué, écorché au passage par les aspérités de la muraille, hurle comme un possédé.

— Bah ! reprend Jacques, ce n'est rien.

» Le voyage n'est pas long et j'aime mieux entendre cette musique, que de te voir insensible comme tout à l'heure.

» Eh, houp! fait-il en le happant au collet, au moment ou il apparaît au bord de la faille, et en le soulevant comme un enfant, au bout de son bras d'athlète.

» Tu pèses moins que l'haltère en fonte de Miss Léonora.

» A ton tour, Julien.

Le jeune homme n'a pas besoin qu'on lui renouvelle cette injonction. Il s'accroche au nœud coulant, donne le signal, et se sent enlevé comme une plume.

Il est temps. De nouveaux condors, effrayés tout d'abord par la culbute de leur congénère, planent à tire d'aile, décrivent des cercles immenses et semblent préparer une seconde attaque.

Mais, aussi lâches que féroces, ils hésitent, en voyant le groupe des sauveteurs s'agiter en poussant des cris furieux.

Cet instant de répit permet enfin à Julien d'arriver sur la terre ferme.

Avant même de se jeter au cou de Jacques qui lui tend les bras, sans même paraître remarquer l'attitude du mayordomo qui se précipite à ses genoux, il avise un Remington déposé sur un ballot, s'assure qu'il est chargé, ajuste le condor le plus rapproché, et fait feu.

— Ah! coquin, s'écrie-t-il tout joyeux, en voyant le monstre osciller, puis s'abattre lourdement, il faut au moins que tu expies les transes que tu m'as fait endurer tout à l'heure.

Puis, déposant froidement son arme, il tend une main au métis, l'autre à son ami, et ajoute :

— Une rude algarade, n'est-ce pas et heureusement terminée.

— Sais-tu bien, répond Jacques stupéfait d'un pareil sang-froid, que tu m'étonnes chaque jour de plus en plus.

— Bah! Un peu de gymnastique.

» Ne fallait-il pas, d'ailleurs, que je payasse à ce brave garçon la dette contractée l'autre jour?

» Mais, trêve de congratulations. L'endroit est

malsain, ici ; je propose de déménager au plus vite.

— Maître !... maître ! murmurait pendant ce temps le mayordomo, je ne suis qu'un pauvre sauvage, moitié nègre, moitié indien.

» Je n'ai à t'offrir, avec ma reconnaissance, que cette vie conservée par toi.

» Laisse-moi te suivre partout où tu iras... Je serai ta chose... ton esclave...

— Reste avec moi, mon enfant, répondit gravement Julien, puisque tu le veux.

» Mais, ne te crois pas engagé outre mesure, malgré l'importance du service que je t'ai rendu.

» Je n'ai fait que mon devoir, entends-tu bien.

» Ne m'as-tu pas aussi sauvé la vie !

— Mais, sans risquer la mienne...

» Tandis que toi !... Un blanc !... Un vrai blanc à sang bleu, tu n'as pas craint de sacrifier ton existence pour un misérable *Zumbo* !

— Dans mon pays, les hommes sont égaux, quelle que soit la couleur de leur peau.

» Égaux devant la loi, comme devant l'humanité.

» C'est au nom de ce dernier principe, que j'ai cru devoir assurer la vie d'un homme, fût-ce au péril de la mienne.

. . . .

La caravane atteignit Totorillas, situé à trois mille neuf cents mètres d'altitude. Ce n'est même pas une bourgade, mais un amas sans nom de misérables cabanes, où pénètre une bise glacée qui rendit la nuit très pénible aux voyageurs.

Le lendemain matin, ils franchirent, à la première heure, le fameux *arenal*. Ils longeaient à huit heures le tumulus surmonté d'une croix, autour de laquelle les arrieros ont coutume de déposer en passant une pierre.

Le vent était si violent, qu'ils pouvaient à peine avancer sur ce chemin parsemé d'ossements desséchés, marquant la dernière étape des animaux qui ont succombé dans ce périlleux passage.

La traversée pourtant s'accomplit sans encombre. Elle eût été absolument impossible l'après-midi, au moment où souffle en tempête, tous les jours, le terrible vent des Andes.

Ils commencèrent bientôt à descendre. Ils atteignirent la jolie petite ville de Guaranda, située, à deux mille cinq cents mètres d'altitude, dans une magnifique vallée.

C'est là qu'ils virent, pour la première fois, le lama employé comme bête de somme.

La route descend toujours. La végétation des terres chaudes commence à réapparaître avec les palmiers à cire, les bambous, les héliconias, les cécropias, etc.

Ils côtoyèrent le Rio-Chimbo, et trouvèrent un tronçon de chemin de fer en construction, qui doit descendre jusqu'à Yaguachi. C'est le premier qui ait été construit dans l'Ecuador (1).

Ils atteignirent bientôt ce village d'Yaguachi, auquel la voie ferrée a donné déjà une grande importance, et se mirent, sans désemparer, en route pour Guayaquil.

Le lendemain soir, ils arrivaient au bord du rio Guayaquil, formé par la réunion de plusieurs rios importants : Guayas, Daule, Babahoyo, Yaguachi, etc.

Ils attendirent au lendemain matin, l'arrivée du vapeur qui devait les transporter de l'autre côté du fleuve, sur lequel se trouve le grand port écuadorien où ils comptaient, d'ailleurs, ne faire qu'une étape très courte.

(1) Il est exploité depuis 1881.

CHAPITRE XI

Quelques heures à Guayaquil. — A propos des chapeaux
de Panama. — Au consulat français. — Avalanche de
lettres, journaux, brochures, etc. — En retraite. — Deux
lettres de Richfield. — La calligraphie d'un chasseur de
bisons. — Trappeurs devenus chercheurs d'or. — L'optimisme de Perrot. — Ce que le Canadien appelle une vie
de « coq-en-pâte ». — Révoltes de Chinois. — Attaques
de Peaux-Rouges. — Menaces aux chevelures. — Vols
à main armée. — Batailles au Champ d'or. — A part ces
petites misères, tout va bien. — Travail pour la gloire.
— Le seul désir de Perrot. — Jacques consent à s'embarquer... — ...Mais Julien ne veut plus!

Jacques et Julien, avaient, comme nous l'avons
dit précédemment, l'intention de ne faire à Guayaquil qu'une très courte apparition.

Le temps de remplir la formalité relative au
visa des passe-ports puis de prendre leur courrier,
et ils comptaient bien s'acheminer aussitôt vers
la frontière Péruvienne.

Aussi, jugèrent-ils à propos de laisser leur mayordomo, avec l'arriero et les deux péons dans une espèce d'hôtellerie située au bord du fleuve, où ils devaient trouver, ainsi que les mules, une plantureuse hospitalité.

Un petit vapeur qui opère trois fois par jour la traversée, les emmena bientôt à la ville. Jacques s'embarqua en faisant la grimace — simple affaire d'habitude. Mais telle fut la brièveté du voyage, qu'il eut à peine le temps d'exhaler sa mauvaise humeur contre l'élément objet de sa tenace rancune.

Ils rangèrent bientôt le quai devant lequel se trouvent, rassemblés dans ce désordre pittoresque qui donne aux ports leur physionomie particulière, les bâtiments de toute forme et de tout tonnage : depuis le gigantesque vapeur, jusqu'à l'humble pirogue ; depuis le clipper doublé et chevillé de cuivre, jusqu'aux modestes *balsas* (1), ces radeaux en bois de « balsa », aussi légers que le liège, surmontés d'une cabane couverte de feuilles de palmier ou de bananier, où grouillent, dans un

____

(1) Ces *balsas* sont les embarcations des autochtones. Ils montent et descendent sans cesse les rivières, apportant au marché de Guayaquil les fruits délicieux des plantations de Guayas et de Los Rios, ainsi que l'eau potable dont la ville est presque absolument dépourvue.

pêle-mêle inénarrable : singes, cochons, enfants nus, parmi les ananas, les ignames, les oranges, les bananes, etc.

Ils mirent pied à terre devant une rangée de maisons, toutes pourvues de colonnades formant des arcades couvertes, où se trouvent les magasins et qui préservent complètement le passant du soleil ou de la pluie.

Ces maisons, à un ou deux étages, bâties pour la plupart en bambou et en mortier, sont pro-prettes et fort gaies, sous leur toiture de tuile.

Les deux amis suivirent le quai qui s'étend au bord du fleuve, sur une longueur de trois kilo-mètres et constitue la rue la plus belle, comme la plus animée de Guayaquil : la rue du commerce, enfin.

Julien, tout en se rendant au consulat Fran-çais, situé près du collège, fournit à Jacques quel-ques renseignements sur cette ville, la deuxième de la République Ecuadorienne dont elle est le grand emporium.

— Guayaquil, dont le nom complet est *Santiago de Guayaquil*, s'appelait *Culenta*, avant la con-quête. Les Espagnols se rendirent définitivement maîtres de la province le 25 juillet 1533, le jour de la Saint-Jacques, d'où le nom de *Santiago*.

Guayas était le nom d'un cacique feudataire d'Atahualpa...

» Voici pour l'étymologie.

— La belle chose, que l'érudition ! exclama Jacques, la bouche dilatée par une admiration côtoyant de près la stupeur.

— Mais tout le monde sait cela... Il n'est pas besoin d'être géographe.

— ... Tiens !... des chapeaux !... Des piles de chapeaux... Encore et toujours des chapeaux !...

» Il y en a des mille et des mille... et encore.

» C'est donc la foire aux chapeaux.

— C'est ici le grand centre de fabrication, et l'entrepôt des chapeaux de Panama...

— ... Ainsi nommés parce qu'on les fabrique aux environs de Guayaquil (1).

» Cela me paraît logique.

— C'est, avec le caoutchouc, le cacao, l'ivoire végétal et la cascarille, un des principaux objets d'exportation qui font vivre et rendent florissante cette cité de 25,000 habitants.

» Mais, il me semble reconnaître ce grand bâtiment tout entier en bois de cèdre...

» C'est le collège, et voici là-bas le pavillon Français, au-dessus d'une porte grande ouverte.

____

(1) Avec les feuilles du *Carludovica palmata*.

L'homme est transbordé sur le radeau. (Page 210.)

» Nous sommes chez nous.

Les formalités furent un peu plus longues que ne l'avaient tout d'abord pensé les deux Français. Non pas celles relatives au visa des passe-ports, mais bien à la prise de possession de leur courrier.

Jamais Julien n'eut pu s'attendre à un pareil déluge de correspondance.

Il y avait là, amoncelés depuis des mois entiers, des brochures, des journaux, des lettres, des cartes postales, des télégrammes, jusqu'à des prospectus, et même des cartes de visite vieilles de dix mois... Tout cela, couvert de cachets innombrables, de timbres multicolores, d'adresses raturées, surchargées, rectifiées, avec la mention *faire suivre...*

Il en était venu de France, du Mexique, de Sibérie, de Californie, par toutes les voies, par tous les paquebots; et comme les deux amis, pendant leur interminable course par terre, avaient surtout assigné aux personnes susceptibles de correspondre avec eux, Guayaquil comme point de ralliement, on peut juger du volume de l'avalanche.

Jamais le consul n'avait vu pareil débordement.

Une journée eût à peine suffi au classement de ces innombrables documents dont la lecture eût exigé une semaine.

Jacques proposa un moyen héroïque, mais désespéré.

— Moi qui ne suis pas très curieux de savoir, du moins en ce moment, ce qui se passe sous d'autres cieux, je serais presque d'avis de faire un feu de joie de toute cette paperasserie.

— Diable !... répondit Julien, un auto-da-fé en masse, c'est peut-être aller un peu loin.

— A moins que tu ne préfères la noyade... l'eau ne manque pas, ici.

» Que diable leur avons-nous fait pour qu'ils nous écrivent de la sorte !

— Tu oublies qu'il n'y a pas seulement des indifférents, parmi nos correspondants...

— Tiens, c'est vrai !... Alexis.

— Tu serais désolé, n'est-il pas vrai, d'être sans nouvelles de lui...

» Et les Perrot que tu oublies.

— Mais, alors, comment faire ?

— T'amuses-tu beaucoup à Guayaquil ?

— Moi ! j'y suis depuis deux heures et je voudrais être je ne sais où !

— Eh ! bien, rien de plus simple.

» La ville m'ennuie également, avec son brouhaha assourdissant, sa chaleur infernale et ses odeurs infectes.

» Faisons plusieurs ballots de ce redoutable

fouillis, embarquons le tout sur le steamer, rejoignons nos gens sur la rive gauche du fleuve, dressons notre tente, et demeurons un jour ou deux loin du tapage de cette cité exotique.

— Bravo ! Ton plan est superbe et je demande à l'exécuter séance tenante.

Ce qui fut dit fut fait, et le soir même, les deux compagnons, confortablement installés sous leur maison de toile, chiffonnaient — c'est l'expression de Jacques — à la lueur de bougies rapportées « ad hoc » de Guayaquil.

Jacques eut tout d'abord la main heureuse.

Depuis à peine un quart d'heure, il fouillait à plein tas, quand il rencontra deux larges enveloppes réunies par une petite ficelle, et portant toutes deux le timbre de Richfield.

— De Richfield ! s'écria-t-il, en exécutant une triomphante cabriole sur la jonchée de papiers.

» C'est d'Alexis !... Je reconnais l'écriture.

— Bravo ! Peu nous importe le reste, maintenant.

— Et cette autre lettre ?

— Ma foi, je ne connais pas cette formidable calligraphie.

» Sacrebleu ! Quels caractères !

— On dirait vraiment que l'auteur de ces jambages épiques s'est servi d'une palette d'aviron en guise de plume.

— Perrot!... C'est Perrot, fit Jacques après avoir rompu le cachet.

» Perrot lui-même qui « met la main à la plume » le digne homme.

— Lis vite...

Jacques, en homme qui aime ses aises, tassa en matelas l'épaisse litière, composée de manuscrits et d'imprimés, s'assit dessus à la turque et commença :

> « Cher monsieur de Clénay, cher monsieur Arnaud,

» Ce n'est pas sans beaucoup d'hésitation que je mets la main à la plume, à seule fin de vous raconter tous les « tenants et aboutissants » de notre situation.

» M. Alexis vous a déjà donné le détail de tout ce qui peut vous intéresser, et ce n'est pas pour ajouter quelque chose au récit d'un homme dont la plume égrène les mots comme la bouche d'un avocat ou d'un prédicateur, que je viens vous entretenir.

» Mais, M. Alexis prétend que ça vous fera plaisir d'apprendre par moi certaines petites choses qui nous concernent. Il est bien bon, mon nouveau patron, mais je crois qu'il est trop indulgent et que, au contraire, ma lettre vous fera bâiller ou dormir.

» Mais, après tout, vous êtes si bons tous les deux, que vous ne tiendrez pas rancune à votre vieux chasseur, dont la plume rend si mal ce que son cœur sent si bien.

— Le brave homme ! interrompit Julien attendri.

» Mais, continue...

» Je vous dirai que nous avons quitté tous les trois le service de la Compagnie Américaine des Pelleteries de Saint-Louis. Et cela, avec l'agrément de Mr. Anderson, le bourgeois de Noulato. Voici comment ça s'est passé.

» Après avoir acompagné jusqu'à Richfield votre matériel avec le convoi de Chinois, et avoir remis le tout en bon état à M. Alexis, j'avise mes deux frères, Eustache et Petit-André, et je leur dis :

» — Voyons, les gars, est-ce que vous vous plaisez ici ?

» — Comment peux-tu demander ça ? qu'ils répondent. Tu sais bien que le jour où nous partirons d'ici sera dur.

» — Eh ! bien, que je reprends, faut rester... moi, je m'en vais de ce pas, offrir notre démission au bourgeois.

» — Comment, tu veux donc rester aussi ?..

» — Pardi ! c'te bêtise. M. Alexis a besoin d'employés... nous lui procurerons trois contremaîtres, et des huppés, sans nous vanter.

» J'allais donc me mettre en route, quand
M. Alexis me fit observer qu'il se chargeait lui-
même de la chose, et qu'il se faisait fort de la
présenter par le bon bout.

» Ça n'a pas manqué. Deux mois après nous
avions la réponse de Mr. Anderson qui, enchanté
d'apprendre que M. Jacques n'avait pas eu trop de
misères avec son ballon, nous donnait « campo »,
et poussait l'amabilité jusqu'à nous dire que nous
trouverions toujours de l'ouvrage près de la
Compagnie, s'il nous prenait fantaisie de revenir.

» Nous voilà donc chercheurs d'or au district
minier du Caribou.

» Un vrai métier de coqs en pâte, à ne savoir
que faire de son temps; sauf pourtant quand il
faut donner un coup de collier. Ces Chinois, c'est
mollasse, au point que, pour enlever une roche
pesant seulement trois cents livres, ils se mettent
à quatre ou cinq. Nous chargeons ça tout seuls
sur des wagonnets, aussi facilement qu'un cuissot
d'élan. Ça se produit comme ça cinq ou six fois
par jour.

» A part ça, rien à faire, sauf pourtant quand

le mécanicien, un ivrogne fieffé, se trouve incapable de faire son service. Il arrive qu'il chauffe
trop sa machine et menace de tout faire sauter,
ou bien, la laisse éteindre ; alors les marteaux-
pilons s'arrêtent, ce qui ne fait le compte de personne.

» Alors, Petit-André, qui a mordu un peu à la
mécanique, le remplace quand il a trop bu. Ça le
distrait, cet enfant.

» Il arrive aussi que les Chinois, quand ils n'ont
plus d'opium, refusent le travail. Il faut alors les
faire marcher. Dans ce cas, ils se fâchent et,
chose curieuse, ils deviennent aussi furieux par
la privation de leur poison, que les buveurs par
l'excès du vitriol. On en vient à bout, mais c'est
parfois très dur. Dans les commencements, je me
suis laissé aller à leur donner quelques calottes ;
mais alors, ils ne marchaient plus du tout. Faut
croire que je n'ai pas la main assez légère.

» Des Peaux-Rouges sont venus, à plusieurs
reprises, nous acheter du wisky. Comme ils
payaient en monnaie de singe et que notre ravitaillement est difficile, on les a envoyé promener.
Ils se sont avisés de vouloir cueillir nos chevelures. Nous avons mis bon ordre à cela avec quelques douzaines de coups de rifle.

» Enfin, comme notre exploitation allait très

bien, un certain nombre de mineurs malheurueux
sont venus **nous** demander de l'ouvrage. Il y a là
des Américains, des Colombiens, des Mexicains,
des Vénézuliens, des Argentins, des Européens
de tous pays, etc. La plupart gens de sac et de
corde. Ils travaillent, mais quels faillis gars les
jours de paye !

» Un jour, grand branle-bas dans une tran-
chée. On entend des hurlements, puis des coups
de revolver, et des plaintes affreuses.

» Nous étions sans armes, mes deux frères et
moi. Ce qui est toujours une bêtise. Nos hommes
venaient de trouver une pépite d'or pur, grosse
comme une citrouille. Ça pesait vingt-cinq kilos et
valait soixante-quinze mille francs comme un
liard.

» Les coquins, au lieu de la remettre à qui de
droit, veulent s'en emparer et aller la vendre pour
leur compte. M. Alexis réclame son bien en termes
modérés, mais fermes. Les autres veulent lui faire
un mauvais parti, et proposent, sans rime ni
raison, de le jeter au fond du puits de mine. On
l'entraîne brutalement...

» Je ne sais pas comment ça s'est fait. Mais
en voyant notre patron entouré de cette cohue
hurlante de gueux en furie, nous nous trouvons
tous les trois, Eustache, Petit-André et moi,

chacun une pince de carrier à la main, au milieu de la foule.

» — Hardi ! petits...

» En moins de trente secondes, il y en avait une dizaine par terre, assommés, aplatis, broyés par nos houssines de fer.

» Pas un parmi les autres, n'a plus osé bouger.

» Alors, M. Alexis les a fait ranger, a ordonné de déposer la pépite à ses pieds, puis, les a flanqués à la porte sans plus tarder.

» Nous avons pansé les blessés, enterré les morts, et le petit train-train a continué comme par le passé.

» Quelques-uns de ces coquins sont revenus quelques temps après, demander de l'ouvrage; on les a reçus, mais « sans armes » — par pitié.

» Ainsi que j'avais l'honneur de vous le dire plus haut, à part ces petits incidents, rien ne vient troubler la sérénité de notre vie de cocagne.

» La mine, à ce que dit le patron, rend énormément d'or.

» Ça nous fait bien plaisir pour lui, puisque ça lui permettra de reprendre sa place dans les pays civilisés.

» Je dois vous dire, à ce propos, que nous n'avons pas pu nous entendre avec lui par rapport au chiffre de nos appointements. Par le fait, nous sommes logés, nourris et habillés comme lui, avec vin, thé, sucre et tabac à discrétion.

» Que faut-il de plus. Nous n'avons besoin de rien. Quant à « peiner de travail », nous ne faisons que ce que nous voulons, et souvent le patron nous arrête.

» Pour lors, le patron voulait nous donner une solde que le bourgeois de Noulato lui-même en aurait rougi, tant c'était conséquent.

» Par ma foi, nous avons refusé jusqu'à nouvel ordre.

» Alors le patron, plus entêté que nous, a prétendu qu'il allait nous intéresser aux bénéfices de la mine.

— Parbleu ! interrompit Julien, c'est le seul moyen possible.

» Enrichir ces braves gens sans même qu'ils s'en doutent.

» En voilà, qui feront bon usage de leur fortune.

Jacques continua sa lecture.

» ... Nous n'en demandons pas tant, ai-je répondu à M. Alexis. Puisque le temps de fermer boutique, pendant six mois pour cause de froid, va bientôt arriver, je vous prierai de nous emmener tous trois dans la maison de campagne de M. Arnaud.

» Il fera chaud, au Brésil, et nous ne craignons pas les coups de soleil.

» — Adopté, que répond le patron, en riant comme ça ne lui arrive pas souvent.

» — Puis, que je reprends, si après la prochaine campagne vous avez de beaux profits, vous paierez à l'un de nous le voyage en France... et nous serons quittes.

» Ce serait la plus grande joie de notre existence de voir... « le vieux pays ».

» — Perrot, m'a dit comme ça, M. Alexis, de sa voix douce, mais ferme, qu'on ne pense jamais à discuter, nous quitterons l'établissement aux premiers froids, et nous nous embarquerons tous quatre pour le Brésil.

» Nous évaluerons alors, MM. de Clénay, Arnaud et moi, la part qui nous revient ainsi qu'à vos frères. Vous accepterez, n'est-ce pas, sans discussion les conditions de ces messieurs qui sont vos amis et les miens.

» J'ai promis. Il n'eût pas été poli de faire autrement.

» Voilà, messieurs où sont les affaires.

» Je dois vous dire que, tout en tenant coup à l'ouvrage comme par le passé, nous guettons avec impatience les premières gelées blanches.

» Et alors, en route pour le pays du soleil !

» En attendant, messieurs, ce jour heureux, permettez à votre vieux chasseur, ainsi qu'à ses deux frères Eustache et Petit-André, de vous présenter leurs sentiments d'amitié la plus vive et la plus respectueuse.

» PERROT, aîné. »

Caribou, le 28 septembre 1879.

— Mille diables! s'écria tout à coup Jacques, mais nous sommes au 12 novembre...

» Il doit faire là-bas un froid de loup...

» Ils vont s'embarquer et arriver à Jacquari-Mirim avant nous.

— Cela me paraît possible, probable même, répondit Julien.

» Pourquoi pas, après tout?

» Ils n'ont pas les mêmes motifs que nous de fuir l'élément liquide.

— Julien?...

— Quoi ?

— Retournons à Guayaquil et... embarquons-nous.

— Hein !... Tu dis?...Trop tard, mon ami.

» Nous devons arriver là-bas *par terre*... tu l'as voulu.

» Je te tiens pourtant compte de l'intention qui est héroïque.

— Mais, je le répète, s'ils se trouvent avant nous à l'hacienda !

— Eh ! le beau malheur !...

» L'hospitalité y est proverbiale.

» Le capataz les recevra d'autant mieux qu'ils arriveront comme amis de son futur patron.

» Tranquillise-toi donc, et en route pour le Pérou.

CHAPITRE XII

Devant la rade de Salaverry. — Quarante-cinq lieues en chemin de fer. — Nouvelle connaissance. — Souvenir au capitaine Bob et au colonel Buttler. — Débarquement épique. — Une famille anglaise. — Salmis de passagers et de marchandises. — Amphitrite dans un tonneau. — A Trujillo. — Une ville moyen âge. — Lugubre habitation. — Guet-apens. — Dans la prison de ville. — Le chef de la police provinciale. — Stupeur de Jacques et de Julien en apprenant qu'on les transforme en Américains... et quels Américains!...

Dix jours après leur fugitive apparition à Guayaquil, c'est-à-dire le 22 novembre 1879, Jacques et Julien se trouvaient sur le quai de Salaverry, le nouveau port de Trujillo.

Salaverry a remplacé Huanchaco, définitivement abandonné à cause du grand nombre de sinistres occasionnés par la houle qui brise avec fureur sur les récifs encombrant la rade.

Ils avaient parcouru, en dix jours, les cinq cents kilomètres séparant Guayaquil de la ville Péruvienne de Lambayèque, sans être retardés par les chemins affreux qui longent la côte du Pacifique jusqu'à Tumbez, où se trouve la frontière du Pérou.

De Tumbez à Lambayèque, il n'y a plus de chemin du tout, et le voyageur ne s'en trouve ni mieux ni plus mal.

C'est le désert, mamelonné de roches, coupé de rivières à sec l'été et transformées en torrents pendant la saison des pluies. De façon qu'on risque alternativement de périr de soif ou d'être noyé. Il n'y a pour ainsi dire pas de milieu.

Ils trouvèrent à moitié chemin la petite ville de Piura, qui ne leur offrit aucune ressource, puis ils traversèrent, sans s'arrêter, le désert de Sechura et arrivèrent, après de cruelles souffrances, à Lambayèque, où commence le chemin de fer qui conduit à Trujillo.

Les pays américains ménagent de ces surprises aux voyageurs. Ici, le désert, avec l'horrible solitude et la pénurie la plus complète ; là, des villes populeuses, avec tous les raffinements d'une civilisation hâtive, et comme poussée en serre chaude depuis quelques années.

Ils congédièrent l'arriero et les péons. Comme

ils avaient été fidèles, Julien toujours généreux,
leur partagea les mules, après leur avoir versé
la somme convenue au départ.

C'était une fortune pour ces braves gens qui
reprirent le chemin de Quito, en couvrant de
bénédictions les deux Français. Ces derniers,
suivis de leur ancien guide, le métis Esteban,
montaient peu après dans le train qni les conduisit cahin-caha jusqu'à Salaverry.

Pour des voyageurs saturés de chevauchées
vertigineuses à travers des lieux où la présence de
l'homme et de sa monture paraît un contre bon
sens absolu, une petite course de quarante-cinq
lieues en chemin de fer — ce chemin de fer fût-
il Péruvien et à peine terminé — est chose émi-
nemment agréable.

Aussi, avaient-ils résolu de s'arrêter deux jours
à Salaverry, distant seulement de deux kilomètres de Trujillo, situé sur le Rio-Moche, dans
la vallée de Chimu.

C'était plus de temps qu'il n'en fallait pour
préparer les chevaux qui devaient les transporter
à quatre-vingts lieues dans le Sud, à Huacho, —
tête du chemin de fer passant par Lima, et conduisant à Ica.

Mais, ils avaient cru devoir céder aux sollicitations pressantes d'un compagnon de route dont

ils avaient fait la connaissance en wagon. Bien que très réservés en présence de nouvelles relations, ils s'étaient peu à peu départis de leur froideur habituelle, devant l'extrême cordialité du voyageur qui s'était mis à leur disposition avec autant d'obligeance que de courtoisie.

Il parlait fort correctement le français, avait étudié à Paris et semblait appartenir au meilleur monde, bien qu'il fût un peu trop chamarré de bijoux, suivant la coutume chère aux Hispano-Américains, et qu'il possédât comme eux une certaine propension au bavardage. Comme d'ailleurs il paraissait connaître à fond le pays dont il vantait à tout propos le pittoresque et l'originalité, et qu'il s'était offert d'en faire les honneurs aux deux amis, ceux-ci avaient accepté.

Puis, on s'était entretenu de cette guerre acharnée dans laquelle étaient engagés le Chili et le Pérou, et dont les résultats étaient loin d'être favorables à ce dernier.

Rien de plus naturel, puisque cette question brûlante était la chose essentielle qui avait absorbé tout le reste.

Sur ce chapitre, l'inconnu fut intarissable. Jamais Gascon gasconnant, partant en guerre et enfourchant les dadas les plus homériques, n'aurait pu atteindre à la faconde de ce Péruvien, qui

ne parlait rien moins que du prochain effondre
ment des Chiliens, avec force détails et considé
rants fort peu généreux pour l'ennemi qui, en
somme, ne s'en portait pas plus mal, au contraire.

Il parla des levées en masse, peignit l'héroïsme
des milices et l'énergie du gouvernement, énu
méra les ressources en armes, en hommes, en
vaisseaux et en argent, et s'étendit complaisam
ment sur le nombre et l'importance des convois
d'armes et de munitions arrivant sans interrup•
tion d'Europe et d'Amérique.

Ces derniers mots évoquèrent soudain dans l'es
prit de Jacques et de Julien qui l'écoutaient pa
tiemment, le souvenir du drame lugubre dont la
perte de la goëlette avait été le prologue, et que
termina l'horrible claustration dans la léproserie.

A ce propos, Julien fit tout naturellement re
marquer à son interlocuteur que ces convois
devaient courir des chances diverses : capture
par les croiseurs chiliens, embargo mis par les
neutres, naufrage, etc., et qu'il devait en manquer
un certain nombre, au moment de la livraison.

— Les convois capturés, arrêtés ou perdus,
composent au contraire l'infime minorité, inter
rompit avec vivacité le Péruvien.

» Et d'ailleurs, comme ils ne sont payés qu'après
la prise de possession, il n'y a que demi-mal.

— Je ne m'étonne plus, alors, de la fureur du capitaine Bob et de son digne associé le colonel Buttler, fit remarquer Jacques avec assez d'à-propos.

— Vous connaissez ces deux misérables, demanda l'inconnu avec plus de vivacité encore.

— Hélas! oui, et pour notre malheur, répondit Julien qui raconta brièvement la scène à laquelle nous venons de faire allusion.

Le Péruvien écoutait de toutes ses oreilles ce récit palpitant, et pour la première fois, n'interrompait plus à tout propos.

— Ainsi, dit-il, avec une lenteur calculée, quand Julien eut terminé, vous croyez pouvoir affirmer que les deux Yankee n'ont pas jeté volontairement à la côte le voilier portant le convoi destiné à notre armée.

— J'en suis aussi certain qu'on peut l'être d'une chose confirmée par toutes les présomptions.

» Quel intérêt, d'ailleurs, auraient eu ces deux hommes à perdre un navire qui, avec son chargement, représentait leur fortune?

— Qui vous dit qu'ils ne s'étaient pas vendus au Chili?

— La présence du croiseur qui les a canonnés, même après l'échouage de la goëlette.

— C'était peut-être une feinte pour égarer tout soupçon.

— Dans ce cas, le croiseur se fût emparé du convoi qui eût servi aux soldats chiliens.

— Enfin, quoi qu'il en soit, reprit le Péruvien pensif, cet incident inexplicable nous a porté un grand préjudice, en ce sens qu'il a retardé pendant quinze jours l'armement d'une partie de notre milice.

» Et si jamais ces deux individus que je m'obstine à regarder comme de simples gredins — et le comité de défense est de cet avis — avaient l'audace de fouler le sol péruvien...

— On leur offrirait à chacun deux ou trois brasses de ficelle...

— Mieux que cela, señor...

» Ils périraient de la mort des traîtres... et seraient fusillés dans le dos!...

— Et vous voyez en nous deux hommes qui ne marchanderaient ni leur temps ni leur peine pour aider à la capture de ces bandits.

» Car, innocents ou coupables du crime de trahison envers votre patrie, ils ont consommé sur nos personnes un attentat pour lequel il n'est pas de pardon.

» Mais, hélas! termina Julien, je crains bien que l'heure de l'expiation ne sonne jamais pour eux.

— *Quien sabe?* fit le Péruvien avec cet inimitable accent de doute que résument si bien ces deux mots.

Le train arrivait alors à Salaverry. L'inconnu engagea les deux Français à s'installer provisoirement dans une des maisons pompeusement dénommées hôtels et qui ne sont rien moins que confortables.

Il allait, de son côté, se rendre à Trujillo, pour faire préparer tout ce qui était nécessaire à leur réception.

C'était l'affaire de quelques heures, puis, il leur enverrait une voiture qui les ramènerait à la ville, avec leur serviteur et leurs bagages.

On se sépara fort cordialement sur cette promesse, et les deux amis, n'ayant rien de mieux à faire, pour le moment, s'amusèrent à regarder, du rivage, les péripéties fort mouvementées d'un débarquement.

Grâce à la houle du Pacifique, toujours très forte sur le littoral Péruvien, cette opération, ordinairement si simple en d'autres endroits, devient parfois très périlleuse, dans tous les cas fort difficile, dans les ports qui ne sont pas suffisamment abrités, grâce à leur configuration naturelle, ou par suite de travaux exécutés par l'homme.

Comme le dit si pittoresquement notre compatriote M. Charles Wiener (1), un voyageur hors de pair qui a vaillamment conquis une des premières places parmi nos explorateurs les plus éminents, débarquer dans ces parages n'est pas chose commode. Un énorme radeau accoste le paquebot; le mouvement du flot fait danser l'un et l'autre, amène le radeau à la hauteur du pont, et le replonge aussitôt à quatre mètres au-dessous.

On prépare les grues. Au bout d'une chaîne, on attache un tonneau défoncé par le haut; on y introduit un passager; les chaînes grincent sur les poulies et l'homme est transbordé sur le radeau.

Les marins prennent bien leurs mesures et savent faire arriver le tonneau au moment où le radeau baisse avec la vague. Cependant, et malgré cette précaution, le malencontreux tonneau heurte généralement le non moins malencontreux radeau avec tant de violence, que le choc projette de bas en haut le voyageur et le fait surgir comme un diable d'une boîte à surprise.

La lourde embarcation ainsi chargée, s'approche du rivage, ballottée par les flots qui as-

(1) *Pérou et Bolivie.* 1 vol. in 8. Librairie Hachette. Paris.

pergent copieusement les passagers et les marchandises.

On l'échoue alors sur le sable. Les marins essaient bien d'atténuer ce nouveau choc, et avertissent charitablement les voyageurs d'avoir à s'y préparer. Mais les flots du Pacifique, le mal nommé, se jouent de tous les efforts et culbutent rudement le chargement, en dépit de ce bienveillant avertissement.

Aussitôt l'équipage lance d'énormes câbles aux portefaix qui attendent sur la plage, et on amarre ces câbles à de longs poteaux plantés au delà de la limite des plus hautes marées.

Des escouades de quatre vigoureux gaillards viennent vous prendre. Ils portent sur leurs épaules une civière couronnée d'un tonneau semblable à celui qui a servi au débarquement des passagers du paquebot et vous invitent gracieusement à prendre place dans ce tube.

Cinq minutes plus tard, on met pied à terre, mouillé jusqu'aux os. On est à Salaverry.

Tel est le spectacle original que contemplaient Julien et Jacques; le premier, avec l'insouciance d'un homme qui en a vu bien d'autres, le second avec l'égoïsme d'un voyageur qui n'a pas à redouter de semblables cahots, en sa double qualité de terrien endurci et d'hydrophobe convaincu.

— Et dire, murmurait-il à chaque embardée, à chaque culbute, à chaque aspersion, que, pour un peu je me serais embarqué à Guayaquil !

» Il me fallait la vue d'un pareil spectacle, pour redonner toute son intensité à ma vieille haine contre l'Océan.

— Tu m'as promis pourtant de revenir en Europe par mer, répondit en souriant Julien.

» Il est vrai que l'Atlantique n'est pas le Pacifique, et que les côtes du Brésil sont moins inhospitalières que celles du Pérou.

Le débarquement prenait à ce moment des proportions épiques, grâce à l'arrivée sur le radeau d'une famille anglaise composée du père, de la mère, de trois misses et d'un jouve... ..eau d'une quinzaine d'années.

Mylord, un bon type de Falstaff, incapable de se tenir sur les jambes, avait pris le parti de rester sur le dos, calé par les colis qui l'empêchaient de rouler.

Milady, longue, mince, éthérée, vêtue avec ce goût particulier aux femmes d'outre-Manche, et qui s'inspire volontiers des nuances prodiguées par la nature aux perruches multicolores, bêlait des plaintes anglo-franco-espagnoles et déclarait « very detestable » une pareille corvée.

Les misses, habillées de nankin, cravatées de

rose, coiffées de bleu, avec des ombrelles vertes, s'effondraient de temps à autre, et offraient à l'œil un groupe incohérent, sans cesse bousculé, sans cesse réuni, duquel émergeait le jouvenceau sur deux longues jambes de faucheux, flottant dans un pantalon trop court.

Bref, une pantomime inénarrable qui eût obtenu un succès fou sur la scène d'un théâtre.

— Que diable ces Anglais viennent-ils faire en pareil lieu ! fit observer Jacques, non sans raison.

— Rien d'étonnant à cela, répondit Julien.

» Tu sais bien que l'Anglais est par excellence l'article d'exportation.

» On le trouve en Chine, sur le Nil, au-dessus des cataractes, dans les cratères de volcans...

— Mais, ici, à Salaverry !... Décidément, la vie est peuplée d'invraisemblances.

A ce moment, le métis Esteban accourait prévenir ses maîtres que la voiture promise par le señor, venait d'arriver devant le : *Gran Hotel de la Patria, y de los estrangeros.*

Les deux amis quittèrent à regret la plage, au moment où milady, insinuée délicatement par les matelots dans le tonneau, s'avançait au-dessus des flots grisâtres, comme une Amphitrite baroque, costumée en arc-en-ciel, sur les épaules de

quatre tritons au torse d'ébène, à la tignasse de
laine, aux dents de caïman.

— J'aurais pourtant bien voulu voir la suite,
ne put s'empêcher de dire Jacques, au moment
où il prenait place dans le véhicule qui s'ébranla
bientôt, au trot de deux vigoureux chevaux de
race chilienne.

Un quart d'heure après, ils entraient à Trujillo (1), chef-lieu du département et de la Province de Libertad, une ville régulière, calme, et
d'une physionomie qui rappelle le moyen âge.

La voiture ralentit un peu son allure, et enfila
une rue spacieuse, mais bordée de murs énormes,
sans une seule saillie, sans une seule fenêtre,
et percés çà et là d'une porte que blinde, pour
ainsi dire, une redoutable armature de clous.

Ces murs servent de clôture aux couvents qui
surabondent à Trujillo, comme on peut s'en apercevoir à l'innombrable quantité de moines « blancs,
vert-d'eau, bruns, bleus, noirs, nu-pieds, à la tête
rasée, hissés sur un âne à l'allure grave et résignée,
armés d'un bréviaire et d'un parasol, souriant aux
femmes, bénissant les enfants, quêtant de grosses

(1) Trujillo située par 8° 5' de latitude sud et 81° 39' de
longitude ouest, est à 580 kilomètres au nord de Lima. Elle
compte environ 15,000 habitants et fut fondeé en 1535 par
Pizarre qui lui donna le nom de sa ville natale.

pièces de cuivre et de petites pièces d'argent, des volailles, des légumes, des fruits, recueillant l'argent dans la manche et entassant le reste sur des bâts énormes (1). »

Tout ce catholicisme pittoresque, qu'on ne connaît plus en France, donne une couleur archaïque au pays, et un cachet étrange à la société, au milieu des importations étrangères de toutes sortes, de toutes provenances, de toutes valeurs...

Puis, la voiture traversa au pas une rue asssz populeuse et très originale, avec ses maisons basses aux toits plats, aux verandahs-balcons, et ornées d'un petit saint placé dans une niche, à côté de la porte ou entre deux fenêtres.

Elle franchit une place, remonta pendant quelques minutes une rue latérale, et disparut sous une porte pratiquée dans une muraille non moins nue, non moins lugubre que celle des couvents.

La porte se referma sur les deux Français, au moment où le Péruvien, leur nouvel ami, accourait, empressé, souriant, les recevoir et les avertir que leurs appartements étaient prêts.

En pareille circonstance, la première pensée du voyageur est de faire sa toilette. Ils n'eurent même pas à manifester cette intention, car, sur

(1) Charles Wiener.

un signe du maître, un noir d'une taille athlétique, vêtu d'une sorte de livrée, les précéda, leur
fit traverser plusieurs couloirs, et les introduisit,
suivis du métis, dans une pièce assez vaste, aux
murs blanchis à la chaux, au plancher couvert
de nattes épaisses, mais, dont l'unique fenêtre,
par un singulier caprice architectural, se trouvait
située près du plafond, et garnie de barreaux
énormes.

— L'appartement de Leurs Seigneuries, fit
d'une voix sourde le noir qui s'effaça aussitôt,
sortit rapidement, poussa de toute sa force
l'énorme porte, que par surcroît de précaution il
verrouilla en dehors.

Jacques et Julien, croyant à une mystification,
et trouvant la plaisanterie de mauvais goût, se
mirent à frapper sur la porte à coups redoublés,
en exigeant impérieusement qu'elle fût ouverte à
l'instant.

Un petit judas imperceptible glissa silencieusement sur la lourde paroi de bois, et une voix qu'ils
reconnurent pour être celle du Péruvien, les engagea au silence, ou tout au moins à la patience.

— Voudriez-vous nous dire, s'écria Julien, d'un
accent indigné, en quel lieu nous sommes et ce
que signifie cet infâme guet-apens?

— Vous êtes en ce moment dans la prison de

la ville, et il n'y a aucun guet-apens dans votre arrestation.

» Un pays en guerre se défend comme il peut contre les aventuriers qui l'exploitent... et qui consommeraient sa ruine, si...

— Mais, vous savez bien que nous sommes deux voyageurs français, vivant complètement en dehors du mouvement actuel...

— Allons donc! Trêve de supercherie.

» N'essayez pas de me faire croire plus longtemps que vous êtes Français, quoique vous parliez admirablement cette langue.

— Sur mon honneur de gentilhomme, mon ami ici présent, est bien M. Jacques Arnaud, et je suis, moi, le comte de Clénay...

» Mais, vous êtes sans doute un policier et comme tel, vous ne devez pas croire à une parole d'honneur, ni même la comprendre.

— Je suis, en effet, le chef de la police provinciale, pour vous servir... monsieur le colonel Buttler... monsieur le capitaine Bob!

— Vous dites? fit Julien littéralement abasourdi.

— Je dis que vous, soi-disant comte de Clénay, vous êtes le colonel Buttler, l'Yankee, le voleur... et que votre digne associé est le capitaine Bob... le marin naufrageur!...

» Qu'avez-vous à répondre à cela?

— Je dis, à mon tour, que pour un chèf de police, vous êtes rudement fort.

— Vous avouez donc votre origine américaine...

— Mais, triple buse! venez donc jeter un simple coup d'œil sur nos passe-ports...

— Des passe-ports signifient tout ce qu'on veut...

» Et d'ailleurs les vôtres sont faux.

— Ah! bah! Et pourquoi? s'il vous plaît.

— Parce que j'ai signé, il y a huit jours, en ma qualité de chef de la police, les passe-ports de MM. de Clénay et Arnaud, voyageurs français, venant de Quito, et qui s'embarquaient à Trujillo pour le Brésil...

» Ces deux messieurs, qui ne faisaient aucun mystère du but de leur voyage, s'en allaient, avec une suite nombreuse, recueillir un héritage, près de Rio de Janeiro, en un lieu appelé Jacquari-Mirim, comme le prouve la lettre du testateur, lettre dont j'ai pris connaissance.

» Vous voyez bien que votre subterfuge est trop grossier pour qu'un enfant même s'y laisse prendre.

» Au revoir, messieurs, et à bientôt.

» N'oubliez pas que chez nous l'on fusille dans le dos les traîtres et les espions.

CHAPITRE XIII

En prison. — Souvenir à l'année terrible. — A propos d'espionnage. — La situation s'aggrave. — Où Jacques qui n'a jamais navigué, trouve extravagant d'être transformé en capitaine de navire. — Les voleurs d'héritage. — Devant le conseil de guerre. — Comment est machinée la salle du conseil. — Généraux d'opéra-comique. — Le soldat Péruvien. — Accusation. — Mort aux étrangers· — La foule veut du sang. — « ... Vous n'oserez pas! » — Le coup de la fin. — Apparente concession du président. — Trahison. — Le président prétend qu'innocents ou coupables, les prisonniers avoueront... par la douceur.

Le réduit dans lequel s'agitent, pleins de fureur, comme des lions captifs, les deux Français et leur serviteur, est moins rébarbatif que ne pourrait le faire croire l'usage auquel il est affecté.

S'il n'est pas luxueux, le confortable est loin d'en être banni, et plus d'un voyageur, ami de ses aises, en ferait volontiers son ordinaire, n'était sa lugubre appellation de cabildo — prison de ville — et plus encore sa destination.

C'est un tout petit appartement, composé de trois cellules, — on serait tenté de dire trois chambres — blanchies à la chaux, pourvues d'une literie complète et fort propre, avec un ameublement très simple, bien que suffisant. Ces trois pièces, séparées par d'énormes panneaux de bois dur, communiquent entre elles par deux baies dépourvues de portes.

Un rapide inventaire a convaincu Jacques et Julien que toute tentative d'évasion est impossible.

Après un premier moment de stupeur bien naturelle, auquel succéda un brusque accès de colère, ils ont fait appel à tout leur sang-froid, et envisagé avec calme cette situation aussi périlleuse qu'imprévue.

Jacques, plus rassuré que Julien, croit volontiers que cette singulière affaire ne peut manquer de s'arranger, tant il espère en la bonne foi de l'autorité péruvienne, qui ne peut pas, devant des preuves écrites, douter de leur identité, et ne pas reconnaître leur innocence.

Julien hoche la tête d'un air de doute, et ne partage pas l'optimisme de son ami.

— Tu te rappelles, dit-il, ce singulier état d'esprit qui se manifesta chez tous les Français, même les moins impressionnables, au début de l'invasion allemande.

» Accablés coup sur coup par des revers imprévus, frémissant de honte et de douleur à la vue du sol de la patrie foulé par l'étranger, ne comprenant pas pourquoi et comment nos armées, naguère victorieuses, reculaient toujours, ou s'effondraient dans des désastres sans précédents, nous voulions attribuer cette série de catastrophes à des causes qui, tout en ménageant notre amour-propre, tendaient à diminuer le mérite des tacticiens ennemis.

» En première ligne, il faut citer l'espionnage.

» Passant de l'extrême confiance à une défiance haineuse pour les étrangers, nous voulions voir des espions partout.

» Quiconque se signalait par une allure ou un costume quelque peu hétéroclite, ou même parlait le français avec un accent qui n'était pas celui de la région, était aussitôt taxé d'espionnage.

» Or, combien a-t-on surpris d'espions authentiques, appartenant à l'armée allemande, et exécutant ce service peu honoré chez nous, mais si fort en faveur de l'autre côté du Rhin?

— D'accord, mais où veux-tu en venir?

— A ceci : que le Pérou se trouve dans une situation analogue à celle de la France pendant l'année terrible.

» Ses hommes d'État, comme les nôtres, hélas!

croyaient que cette guerre, si follement déclarée, serait une glorieuse et lucrative promenade militaire.

» Mais il arrive, au contraire, que les Péruviens qui ne devaient faire qu'une bouchée des Chiliens, sont battus à chaque rencontre et sur terre et sur mer.

» Ces derniers avancent toujours, en dépit des bulletins de victoires publiées par leurs ennemis... Singulières victoires, en vérité, à la suite desquelles le vaincu « *bat en retraite en avant* » au point que, du train dont vont les choses, l'armée chilienne sera devant Lima avant six mois.

» Les Péruviens ne veulent pas avouer leurs défaites.

» Mais, plus nerveux, plus prétentieux, moins dignes surtout que ne le furent les Français, ils s'en prennent à tout et à tous, sauf à eux-mêmes; accusent Dieu et les hommes, le diable et les Chiliens, cherchent à atténuer leurs revers par des motifs puérils, et veulent quand même offrir des boucs émissaires aux populations qui habitent ces villes fossiles où n'a pas pénétré l'esprit moderne, et où fermente le sang des descendants de ceux qui vinrent ici à la suite de François Pizarre.

» Le hasard nous a jetés au mauvais moment

dans ce guêpier... il est très possible, en outre,
que ces gens soient de bonne foi et nous sacri-
fient de même.

» Allez donc, d'ailleurs, parler de bonne foi à
ces demi-sauvages, quand ils crient : Vive quelqu'un! ou : A bas quelque chose!

— Tu as raison, Julien, c'est très grave.

» D'autant plus que ces deux coquins d'Américains sont venus juste à point nommé dans cette
ville...

— Et se sont mis dans notre peau, ce qui est
un comble...

— Après m'avoir volé, au moment où ils nous
jetaient dans la léproserie, mon portefeuille que
je croyais avoir perdu et où se trouvait le testament de mon oncle.

— Très habiles, en vérité, ces deux bandits.

» Leur plan est bien simple : ils vont débarquer
tout naturellement à Rio, se rendre à la Fazenda
de Jacquari-Mirim, et prendre possession en ton
lieu et place de l'héritage.

— Quelle bonne tête doit faire ce colonel Buttler
en comte de Clénay... lui, le rustre Yankee qui
chique son tabac et promène ses bottes sur tous
les meubles.

— Et le capitaine Bob en Jacques Arnaud!...

— Mais ce qui est bien plus extravagant, c'est

de me voir, moi qui n'ai jamais mis le pied sur un navire, transformé en capitaine marchand !... en gros bonnet de la haute flibuste !...

En ce moment le judas glissa de nouveau, et la voix sourde du noir introducteur s'éleva dans le couloir.

— Que Leurs Seigneuries se préparent à comparaître devant le conseil de guerre.

— Déjà, fit Jacques... Voilà des juges qui ne laissent pas moisir leurs prisonniers.

» Mais, il me semble, si j'ai bien compris le charabia de ce moricaud, qu'il est question de conseil de guerre.

— Parbleu! Le territoire péruvien tout entier n'est-il pas en état de siège.

— A propos, tu as ton revolver.

— Sans doute, pourquoi cette question?

— C'est que, résolus comme nous le sommes, pas manchots du tout et faisant bon marché de notre peau, nous pouvons, avec douze coups à tirer, influencer, à un moment donné, la décision du conseil.

— Je ne dis pas non, quoique ce moyen extrême ne m'inspire qu'une médiocre confiance, au milieu d'une ville de quinze mille habitants.

En ce moment, une série de petits claquements, régulièrement intermittents, comme ceux que produit le déclic d'un treuil, se fit entendre.

Une paroi latérale de la cellule de droite oscilla tout d'une pièce, puis monta lentement comme un rideau de théâtre.

Bientôt, le retrait du lourd panneau découvrit une solide grille de fer séparant la cellule d'une vaste salle bien éclairée, au milieu de laquelle se tenaient plusieurs groupes que nous allons décrire brièvement.

D'abord, sur une estrade, devant une longue table couverte d'un tapis vert, les membres du conseil de guerre, au nombre de cinq, gonflés d'importance, sanglés dans des uniformes tout flambants neufs, copiés, hélas! sur ceux de l'armée française, tous généraux, exhibent des galons ramassés dans des pronunciamientos. On devine, au premier coup d'œil, des militaires n'ayant jamais servi, n'ayant rien du soldat, ni cette attitude martiale, ni ce regard clair, loyal, ni cette dignité de maintien, ni cette sobriété de geste que donne l'habitude de la discipline.

Comme commissaire du gouvernement, Son Excellence le chef de police lui-même, costumé en simple colonel. En face, le greffier et le commis greffier. Le premier, un gros chanoine rougeaud, apoplectique, aux joues croulantes de bouffissures, aux yeux verts, petits et perçants, au front

bas, coiffé d'un chapeau monumental, véritable
vaisseau noir pourvu de cordages et de pompons.
Le commis, l'antithèse vivante de son supérieur,
est un moine bleu, aussi sec que son écritoire de
corne, ras de barbe et de cheveux, et tenant toujours les yeux baissés.

Enfin, à droite et à gauche, un peloton de soldats Péruviens en armes. Des uniformes bariolés,
des chaussures absentes, des vestes d'artilleurs
alliées à des képis de lignards, des pantalons de
fantaisie, parfois même une simple giberne sur
une veste civile, donnent à ces guerriers un aspect hétéroclite, sous lequel un observateur superficiel ne reconnaîtrait certes pas leur valeur
très réelle, leur « furia » éprouvée.

Ces hommes bruns, en sourcil charbonné, à la
démarche traînante, à l'air mélancolique, sont
grotesques au repos, dans leur harnachement
caricatural. Mais vienne la bataille avec ses son-
neries de clairon, ses effluves de poudre, ses
bruits multiples de tuerie, sa fièvre de sang, et
leur œil noir s'allume, leur face bronzée se
contracte dans un rictus farouche. Ils s'élancent,
terribles, comme inconscients du danger, et
luttent avec un acharnement de fauves.

Ils se dressent, au moment où les prisonniers
apparaissent, restent debout, l'arme au pied,

chargée et prête à faire feu, pour la sauvegarde de ces héros empanachés, qui n'osent procéder à un interrogatoire que derrière des grilles énormes.

Après avoir prié Leurs Excellences de vouloir bien s'asseoir, et de répondre aux questions que Son Éminentissime le señor général président allait leur adresser, l'interrogatoire commença par les banales questions de nom, d'âge, de na tionalité, etc...

Le greffier ayant sans doute la digestion pénible, s'installa le plus commodément possible pour sommeiller, laissant au commis le soin de consigner, comme il l'entendrait, les demandes et les réponses.

Puis l'Éminentissime président, feuilletant un rapport élaboré à la hâte par Son Excellence le maître de la Police, réédita, comme une chose évidente à laquelle il était impossible d'opposer la moindre dénégation, cette fable absurde qui transformait en aventuriers américains les deux voyageurs français. Puis suivirent de longs et fastidieux considérants, à la suite desquels il les somma de faire des aveux complets, et de signer le procès-verbal.

Ah! pardieu, la riposte de Julien ne se fit pas attendre, devant les exigences pour le moins singulières de cette étrange procédure.

— Je croyais, s'écria-t-il d'une voix indignée, en coupant la parole à l'Éminentissime, que la méprise réelle ou simulée dont nous sommes victimes, cesserait, en présence d'hommes ayant la prétention d'être raisonnables et de ne pas se laisser aller au parti pris.

» Comment ! vous êtes là les cinq citoyens d'un pays civilisé, pourvus de hautes dignités dans l'armée, et investis, par les circonstances, des redoutables fonctions judiciaires, et vous ne rougissez pas de faire peser sur d'inoffensifs voyageurs une accusation aussi absurde qu'infâme !

» Comment ! ces voyageurs vous attestent, pièces en mains leur individualité, ils veulent vous faire voir leurs passe-ports visés par les consuls...

— On vous a déjà dit, señor, interrompit le chef de la police, que les passe-ports signifiaient tout ce qu'on voulait...

» Qui nous prouvera, en outre, qu'ils sont bien les vôtres, que vous ne les avez pas dérobés aux titulaires... ou simplement trouvés.

» Quant à moi, je n'ai pas lieu de suspecter ceux dont vous usurpez les noms.

— Dites donc, monsieur le policier, riposta Julien avec un mépris superbe, combien vous

— La porte, moricaud ou je te cloue au mur. (Page 274.)

ont donc acheté les deux drôles qui sont passés ici il y a huit jours...

» Je parle du vrai Bob et du vrai Buttler, à la transformation desquels vous avez aidé... sans doute moyennant finances.

» Cela a dû leur coûter cher, à la façon dont vous nous chargez en ce moment.

L'homme de police pâlit, grinça des dents et perdit toute mesure.

— Tu mens!... Chien d'étranger...

— A la bonne heure! J'aime mieux cela.

» Voilà le grand mot lâché : chien d'étranger.

» Convenez donc, une bonne fois, que c'est là votre principal grief contre nous.

» Depuis huit jours, vous avez probablement encore reçu une mauvaise nouvelle du théâtre de la guerre...

» A défaut de victoires, vous voulez pallier vos défaites, et donner à l'opinion publique un faux semblant de satisfaction, en assassinant juridiquement des étrangers...

» Ces étrangers sont des espions!... C'est à eux que nous devons nos revers... dites-vous, à bout de bonnes raisons.

» A mort les étrangers!... Il faut du sang à cette bonne populace à défaut de bulletins de victoire.

On entendit, à ce moment, une vague rumeur,

montant de la ville comme une marée qui roule sur des brisants, puis quelques cris s'élevèrent, formant comme un écho à l'exclamation de Julien...

» Mort aux traîtres!... Mort aux étrangers!...

— N'est-ce pas, que j'ai bien deviné, fit-il en riant ironiquement, pendant que les membres du conseil se taisaient interdits.

» Je le sais pardieu bien! c'est votre popularité que vous jouez en ce moment.

» Mais, vous êtes mal tombés, en voulant nous prendre pour victimes expiatoires.

— Mort aux espions!... à mort!... grondèrent les voix en se rapprochant de plus en plus, pendant que des coups sourds ébranlaient la porte massive.

— Eh! quoi! vous ne dites plus rien!

» Vous ne prononcez pas notre condamnation à mort...

» C'est pourtant un beau spectacle à donner à une foule, faute de combats de taureaux.

» Eh! bien, non! Vous ne la prononcerez pas, cette condamnation... Pourquoi?...

» Parce que vous n'oserez pas.

Il y eut, parmi ces généraux d'opéra-comique, une explosion de murmures qui réveilla soudain le chanoine-greffier.

— Non, vous n'oserez pas! vous dis-je.

» La raison, c'est que tous, vous êtes bien persuadés maintenant que nous sommes Français...

» Il n'en est pas un parmi vous, qui parlez notre langue, qui puisse confondre notre accent de terroir avec le charabia exotique de ces deux Américains avec lesquels on a voulu nous confondre.

» Je dis tous... sauf peut-être ce policier qui a intérêt à dire et à prouver le contraire.

» Et vous aviez la naïveté de croire que nous signerions le grossier factum de ce personnage, que nous nous mettrions à votre merci, en obéissant à je ne sais quelle grotesque tentative d'intimidation!

» Allons donc! nous sommes aujourd'hui entre vos mains, grâce à un procédé infâme sur lequel les lois du code international sont formelles.

» Vous violentez nos personnes, mais vous êtes impuissants sur nos volontés.

» Et d'ailleurs vous ne pouvez pas nous faire disparaître sans avoir à rendre compte de nos existences aux agents diplomatiques de notre pays, qui, eux savent qui nous sommes et en quel lieu nous sommes.

» Vous n'êtes pas si naïfs de croire qu'on a perdu notre trace depuis Guayaquil.

» En conséquence, je vous enjoins de nous rendre immédiatement à la liberté, sinon, prenez garde aux représailles.

— Mais, señor, répondit le président gêné, presque intimidé par cette vigoureuse riposte, je ne demande pas mieux que d'admettre vos raisons.

» Mais, vous devez comprendre dans quelle situation délicate nous nous trouvons en ce moment.

» Il y a huit jours, deux voyageurs s'embarquent à Trujillo pour le Brésil.

» Ces deux étrangers portent les noms que vous prétendez être les vôtres, et sont nantis de pièces à l'appui.

» On les laisse naturellement passer, en raison de ce droit des gens dont vous invoquiez tout à l'heure le respect, et comme on l'eût fait à votre égard, sans une circonstance qu'il est bon de vous faire savoir pour votre édification, et, je ne crains pas de le dire, pour votre confusion.

» C'est que les voyageurs, en causant avec Son Excellence le maître de la police, lui ont comme vous, raconté l'épisode lamentable de la perte d'un convoi d'armes et de munitions.

» Mais ils ont complété leurs renseignements en donnant le signalement détaillé de l'armateur et du capitaine de navire, ainsi que leurs noms et leur pays d'origine... or, ce signalement se rapporte trait pour trait aux vôtres à tous deux!

— Oh! les démons! gronda Jacques entre ses dents.

— Dans ces circonstances, continua hypocritement l'Éminentissime, il n'y avait qu'à opérer votre arrestation, puisque, non contents du préjudice causé à nos armes par la perte du convoi, vous venez, au milieu de nous, sous des noms supposés, recueillir des documents, dont vous eussiez trafiqué avec l'ennemi, sans la vigilance et la perspicacité de Son Excellence le maître de la police.

Ce dernier coup était terrible pour les deux Français, étant donné l'habileté diabolique avec laquelle le colonel Buttler et le capitaine Bob, allant jusqu'à prévoir leur évasion de la léproserie, avaient pris soin de les perdre à jamais dans l'esprit des autorités péruviennes.

Julien sentit le coup et dédaigna de se défendre de nouveau.

— Assez! reprit-il rudement au moment où le président entamait le panégyrique du policier.

» Y a-t-il une justice, chez vous?

» Êtes-vous des soldats ou des assassins?

— Que voulez-vous dire?

— Il y a à Lima un ministre plénipotentiaire français, avec le chef de la station navale, l'amiral Duperrey.

» Je suis personnellement connu de tous les deux.

» Ordonnez qu'on leur envoie un courrier, avec une lettre que je lui donnerai...

» Voilà tout ce que j'ai à vous demander, au nom de la justice et de votre honneur de soldats.

— C'est bien, señor... il sera fait droit à votre demande.

» Un courrier partira demain matin.

» Messieurs, la séance est levée...

A ces mots, le lourd panneau descendit lentement devant la grille qu'il obtura peu à peu, isolant de nouveau les prisonniers de la salle où se tenaient les membres du conseil de guerre.

Des murmures assez vifs avaient accueilli la concession faite en dernier lieu aux Français par le Président.

— Comment ! Excellence, dit le chef de la police tout ému de ce dénouement inattendu, vous allez réellement envoyer un courrier.

— Certainement.

— Et il arrivera à Lima?

— Il est absolument indispensable qu'il arrive,

et remette la lettre des prisonniers au ministre français et à l'amiral.

» C'est là notre sauvegarde.

— Je ne comprends plus...

» S'ils allaient être innocents!... Quelle épouvantable affaire nous aurions sur les bras!... Que penserait-on de nous, ici !

— Ils ne sont pas innocents!... Et d'ailleurs, il sera trop tard.

— Pourquoi?

— Entendez-vous les hurlements de la foule!

» Le peuple veut sa proie, et il l'aura.

— Sans doute, mais... que voulez-vous dire?

— Qu'il y a cent cinquante lieues pour aller à Lima, le courrier ne peut pas mettre moins de dix jours.

» Or, dans dix jours, les prisonniers, innocents ou coupables, auront avoué.

— En êtes-vous sûr ?

— Oui, par la *douceur*, termina le président dont un rictus aigu découvrit les dents blanches.

CHAPITRE XIV

Un courrier pour Lima. — Lettre aux autorités françaises. — Propos d'un descendant de l'oncle Tom. — Ce que le président du conseil de guerre entendait par la *douceur*. — Confitures variées : gelée de cédrats, pâte de goyaves, compote d'oranges, marmelade d'ananas, etc. — Le supplice des aliments doux. — Pas d'eau ! — Souffrances affreuses. — Après cinq jours. — Folie furieuse. — Syncope. — Jacques ranimé s'aperçoit qu'il boit du sang. — Un coup de canon. — Conseil de guerre composé d'un seul homme. — Tentative désespérée de Julien. — Feu!... — Quels sont les nouveaux arrivants?

Après l'interrogatoire, les prisonniers reçurent, par l'entremise du gardien nègre, de l'encre, des plumes et du papier, puis Julien rédigea séance tenante les lettres pour le ministre de France à Lima, et l'amiral commandant la station navale au Cállao.

Le noir, avant de se retirer, leur fit part d'une décision du conseil, par laquelle il lui était enjoint de rendre à la liberté, le soir même, le métis Esteban; les règlements de la prison s'opposant absolument à ce que les prisonniers du lugubre établissement reçussent d'autres services que ceux du personnel.

— C'est bien, répondit Julien d'une voix calme, et en réprimant à cette nouvelle, un léger tressaillement.

Le gardien disparut, pendant que le métis exhalait, en cris et en sanglots, la douleur causée par cette séparation qui le privait de la vue de ceux pour lesquels il avait tout quitté.

Dès qu'ils furent seuls, la froideur de Julien se fondit soudain et fit place à un bon sourire qui sécha aussitôt les larmes du brave garçon.

— Les imbéciles ! dit-il à voix basse à Jacques.

» Ils croient sans doute augmenter les rigueurs de notre claustration, en nous soumettant au secret le plus rigoureux...

— Peut-être aussi veulent-ils éloigner un témoin gênant, au cas où ils voudraient nous faire violence, interrompit Jacques, non sans raison.

— C'est encore possible.

» Mais, qu'importe ! c'est une chance à courir.

» Dans tous les cas, ils vont nous mettre à même de communiquer, par un messager à nous, avec ceux-là seuls qui peuvent nous sauver.

— Tiens, c'est vrai.

— En conséquence, Esteban va, lui aussi partir pour Lima ; mais, non pas avec le courrier expédié par nos ennemis.

» Celui-là, nous avons trop de motifs pour ne pas nous en défier ; bien que ceux qui l'envoient aient tout intérêt à faire parvenir ma lettre aux représentants de notre pays...

Deux heures s'écoulèrent, pendant lesquelles Julien donna au jeune homme les instructions les plus précises, puis, le noir rentra, portant de grands vases couverts, contenant vraisemblablement le repas des prisonniers.

— C'est bien, dit froidement Juiien.

» Nous sommes prêt et voici pour remettre au messager.

Puis, s'adressant au métis :

— Tu peux partir... va... tu es heureux d'être libre.

» Adieu !

— Adieu ! maître, fit en sanglotant le jeune homme.

» Votre serviteur n'oubliera jamais que vous avez été si bons pour lui !

— Esclave ! grogna le nègre en haussant dédaigneusement les épaules et en poussant Zambuco dans le couloir.

— Tiens, fit remarquer Jacques avec assez d'à-propos, il va bien, le descendant de l'oncle Tom !

» Mais, trêve de plaisanteries.

» Mon estomac hurle famine ; et c'est le cas ou jamais de faire rapidement connaissance avec l'ordinaire de la maison.

Il découvrit un des deux vases et ne put retenir une grimace de mécontentement, en voyant qu'il était plein jusqu'aux bords d'une gelée assez compacte, dans laquelle restait plantée une cuiller de bois.

— Ah ! bah...

— Qu'y a-t-il ?

— On dirait des confitures.

» C'est tout ce qu'il y a de plus vrai... des confitures.

» J'ajouterai qu'elles sont délicieuses.

— Délicieuses, en effet, répondit Julien après avoir dégusté à son tour.

» Mais, c'est là un festin peu substantiel.

— Je crois bien ! Dîner avec du dessert quand on n'a pas déjeuné du tout.

— Enfin, puisque le descendant de l'oncle Tom ne nous apporte pas autre chose, faisons contre fortune bon cœur, et rappelons-nous que le sucre, associé à d'autres substances végétales, peut, à la rigueur, tenir lieu d'aliments pendant un certain temps.

L'absorption de cette gelée épaisse, avait provoqué une soif intense chez les deux amis, qui se souvinrent alors de n'avoir pas trouvé une goutte d'eau, lors de leur entrée dans la cellule.

— C'est un oubli, dit Jacques, moitié riant, moitié fâché.

» Comment ! une prison sans la cruche classique... cela ne se serait jamais vu.

Ils appelèrent le gardien, heurtèrent rudement la porte du pied et du poing. Tout fut inutile. La lugubre demeure resta silencieuse comme un tombeau.

De guerre lasse, ils se jetèrent sur leurs lits et s'endormirent la bouche ardente, en mordillant leurs draps, pour tâcher d'amener un peu de salive à leur langue pâteuse, à leurs lèvres desséchées.

La nuit fut longue et le sommeil mauvais.

Le lendemain, dès l'aube, le gardien se présenta portant deux vases exactement semblables à ceux de la veille.

— De l'eau !... de l'eau ! s'écrièrent d'une seule voix les deux altérés...

» Comment ! encore des confitures... c'est là l'ordinaire auquel on prétend nous astreindre.

— Oh! reprit le noir d'un air aimable, Leurs Seigneuries voudront bien observer que ce ne sont pas les mêmes...

— Comment! bourreau, pas les mêmes...

» Te moques-tu de nous?

— On a donné hier à Leurs Excellences de la gelée de cédrats, je leur apporte ce matin de la confiture de coco.

— Et de l'eau!...

— On ne donne pas d'eau aux prisonniers, fit le gardien en riant d'un rire féroce qui découvrit une double rangée de dents à faire envie à un loup.

— Eh! quoi! gredin!... Pas d'eau...

» On veut donc nous rendre enragés!

» Eh bien! tu paieras pour les autres.

Le nègre n'eut que le temps de se retirer d'un bond.

Jacques, saisi d'une colère folle, se rua sur la porte qui venait de se refermer, et se mit à expectorer une série de malédictions, hélas! aussi inutiles que les coups dont il martelait l'indestructible panneau.

— Calme-toi, dit Julien plus maître de lui-même.

» En te laissant ainsi aller à la fureur, tu augmenteras encore le besoin de boire...

— Tu as raison... Mais, enfin, que veulent-ils donc faire de nous !

— Eh ! le sais-je plus que toi, mon pauvre ami.

— Voyons, combien peut-on vivre de jours sans manger ?

» Six jours... huit jours... peut-être dix.

— Oui. Où veux-tu en venir ?

— A ceci : qu'il vaut mieux nous imposer une diète absolue, plutôt que d'absorber ces drogues infâmes qui nous mettent le feu au ventre.

— Je le veux bien : essayons de la diète.

— Mais, je tiens, au moins, comme satisfaction personnelle, et pendant que je suis encore solide, à assommer ce hideux nègre qui remplit cet ignoble office de valet de bourreau.

» Cogner à tour de bras sur ce torse d'athlète, cela me détendra les nerfs...

» Peu m'importera la soif, après.

— Tu es fou !

» Veux-tu que, profitant du cas de légitime défense, ces misérables nous fassent fusiller séance tenante dans la prison.

» Puisqu'ils n'ont pas osé nous condamner, c'est qu'il leur reste au cœur un peu de pudeur, ou, ce qui vaut mieux encore, une crainte salutaire de l'intervention française.

» Ah, pardieu! ils auraient vraiment trop beau jeu.

Le soir vint, sans autre changement qu'une aggravation assez sensible aux souffrances de la nuit passée.

Le gardien se présenta de nouveau, ouvrit la porte toute grande et se dressa fièrement devant les deux blancs.

Mais, le motif de cette forfanterie absolument inusitée, s'expliqua aussitôt par la présence d'une dizaine de soldats qui, la baïonnette au canon, attendirent, en face de la porte, la remise de ce troisième repas.

— De la pâte de goyaves, fit le nègre en riant de son rire bestial...

» Demain matin, il y aura de la gelée d'ananas...

» Et pas d'eau...

Jacques et Julien ne daignèrent même pas honorer le drôle d'un regard.

Cela valait mieux.

Deux jours, trois jours, quatre jours s'écoulèrent, en amenant des souffrances dont on ne saurait concevoir l'intensité.

En vain les deux amis ont-ils voulu s'astreindre à la diète absolue. La soif étant devenue de plus en plus pressante, force leur a été de chercher, en dépit de leurs résolutions, un soulagement temporaire dans l'absorption de petites quantités de substance sucrée.

Mais, plus ils se sont laissés aller à la tentation, plus le besoin de boire est devenu impérieux.

C'est bien sur cette faiblesse, en somme si excusable, qu'ont spéculé les tortionnaires de génie qui ont inventé ce supplice bizarre et cruel (1).

Aussi, ont-ils presque toujours triomphé de l'énergie des patients, quelque forte que fût leur volonté, quelque robuste que fût leur organisme.

Le cinquième jour arrive pour Jacques et Julien, et l'infernale drogue fait son apparition.

Mais, le geôlier, voyant ses pensionnaires devenir littéralement enragés, n'ose plus, malgré la présence du peloton de soldats, pénétrer dans leur réduit.

Il se contente d'entre-bâiller la porte, maintenue suffisamment ouverte par une chaîne et de pousser les récipients.

Ils renferment de la compote d'orange!

La vue des tranches, soudées, en quelque sorte, dans un sirop aussi épais que de la colle, arrache à Jacques de nouvelles imprécations.

(1) Nous ne faisons pas de la fantaisie. Le fait est rigoureusement authentique.

A peine si on reconnaîtrait une voix humaine dans cette série de sons brefs, strangulés, rappelant plutôt le hurlement d'un loup.

C'est que depuis le premier moment où l'inepte cruauté de leurs ennemis leur a imposé cette torture, leurs souffrances ont atteint pour ainsi dire d'emblée une terrible intensité.

L'implacable soif, qui ne leur a pas laissé un moment de trêve, leur tord les entrailles, leur flambe la gorge, leur éteint la voix, oblitère même parfois leur intelligence.

A peine si l'on pourrait reconnaître les deux intrépides compagnons, dans ces fantômes aux lèvres bleuâtres, aux yeux creux, cerclés de bistre, à la face couperosée, dont la bouche entr'ouverte, aux gencives noires, ne laisse plus échapper qu'une respiration rauque et saccadée.

Cet anéantissement a été si rapide, sous l'influence de la chaleur torride du pays, de la privation de liquide et d'aliments reconstituants, qu'on serait tenté de se demander si le poison n'est pas intervenu.

Telle a été tout d'abord leur impression, tant l'invasion du mal a été subite.

Mais, maintenant, ils ne raisonnent plus. Toutes leurs idées, toutes leurs volontés, toutes les

forces physiques et morales de leur être se résument dans une seule pensée... de l'eau !...

Ils ont mâché des balles retirées de deux cartouches de revolver, puis, ils ont excité la production de la salive en mettant de temps en
temps quelques grains de poudre sur leur langue.
Ces palliatifs les ont fait patienter un jour, peut-
être deux.

Puis, le sang épaissi a refusé pour ainsi dire les
sécrétions organiques.

— Que faire !... Que devenir ! gronde pour la
centième fois Julien, pendant que Jacques se
roule sur les nattes, en proie à un accès de
délire furieux.

» Et il n'y a encore que cinq jours d'écoulés !

Il s'aperçoit alors que Jacques, à demi suffo-
qué, ne profère plus que des plaintes inarticulées.

— Mille tonnerres ! il va mourir...

» Jacques !... Jacques ! écoute-moi !...

— Heu !... Heu !...

» De... de... l'eau !... de l'eau...

— Non pas de l'eau... mais, attends... faute
de mieux, tu boiras autre chose.

Il dit, arrache sa cravate, relève la manche de
sa chemise jusqu'au milieu du bras, comprime
vigoureusement, avec la cravate, la partie supérieure du membre, tire de sa poche un petit

couteau, et incise rapidement une des veines qui se tordent gonflées sur l'avant-bras.

Un jet tiède et noirâtre de sang jaillit presque sur la figure de Jacques.

Julien, ne voulant pas perdre une goutte de ce liquide qui est leur vie à tous deux, colle à la piqûre les lèvres de son ami.

Jacques, inconscient, aspire à longs traits et se ranime soudain.

Il ouvre les yeux, et s'aperçoit alors de l'héroïque et folle tentative de Julien.

— Ton sang !... bégaie-t-il...

» Mais ! malheureux, tu te tues.

— Bah ! cette petite saignée m'a rafraîchi, répond Julien, qui, par ce mensonge sublime, essaie de dissimuler la syncope qui l'envahit.

» Si je meurs, ce ne sera pas de cela.

» Aide-moi seulement à bander la plaie.

» Là... voilà qui est bien.

» Il ne faut rien laisser perdre ; et il y en a encore pour deux ou trois fois.

— Jamais !... ce serait de ma part un crime sans excuse.

— Ne dis donc pas de folies.

» Plus vigoureux que moi musculairement, tu possèdes moins de résistance à la faim et à la soif.

» Enfin, si je défaille à mon tour, eh bien! tu m'en donneras aussi...

Une détonation sonore, qui vibre au loin, du côté de la mer, l'interrompt soudain.

— Un coup de canon, fit Jacques rasséréné par l'« emprunt » fait à son ami.

— Que n'annonce-t-il le bombardement de cette ville maudite! dussions-nous rester enfouis sous ses ruines.

— Si c'était... un navire de guerre français venu de Lima.

— Tu sais bien que c'est impossible!

» A peine si le messager est à moitié chemin.

— ...Entends-tu ces cris qui s'élèvent dans la ville... ces roulements de tambour?...

» Entends-tu ce tumulte?... ces allées et venues dans la prison.

» Il doit se passer quelque chose de grave.

Les prisonniers en sont là de leurs réflexions, quand le clac-clac-clac de la cloison mobile se fait entendre.

Comme cinq jours auparavant, le lourd panneau s'élève lentement, et découvre la salle précédemment occupée par le conseil de guerre.

Ils revoient l'épaisse grille, de l'autre côté de laquelle se tient, grotesque et terrible, le peloton de soldats. Mais leurs premiers juges ne sont plus là.

Ces vaillants défenseurs du sol envahi, sont-ils allés éteindre, dans la poussière des combats, l'éclat virginal de leurs uniformes ?... ont-ils tout simplement cédé à cette panique assez familière aux généraux de prononciamientos ?...

Seul le maître de la police est à son banc, en face du non moins seul commis greffier.

Il paraît que la présence de l'Excellence et du scribe suffit à constituer l'assemblée.

De cette façon, la dite Excellence est, à elle seule, un conseil de guerre. Elle se présidera elle-même, accusera, jugera, et au besoin présentera la défense, puisqu'il n'y a pas eu jusqu'alors d'avocat de constitué pour les accusés.

On ne verra pas souvent de conseil de guerre aussi unanime.

Cependant, Julien qui jusqu'alors avait toujours engagé Jacques à la patience, se sent tout à coup pris d'une colère folle, au moment où l'auteur de leurs tortures apparaît à ses yeux.

La fièvre envahit de nouveau son cerveau, et lui enlève sa lucidité habituelle.

Le gentilhomme toujours correct, toujours calme, fait place, pour un instant, à un fou furieux incapable de raisonnement, et chez lequel est aboli l'instinct lui-même de la conservation.

La faim, et surtout la soif, arrivées à leur pa-
roxysme, produisent souvent de semblables accès.

Pâle, hagard, l'œil injecté, il s'élance vers la
grille en poussant un hurlement terrible et allonge,
entre deux barreaux, son bras armé d'un revolver qu'il braque sur le policier.

Telle est l'instantanéité du mouvement, que
Jacques n'a pas le temps de s'opposer à cette
tentative qui va produire une irréparable catastrophe.

L'Excellence pâlit à son tour et s'aplatit derrière son banc, en criant de derrière cette redoute
improvisée :

— Feu !... sur ces hommes.

Les soldats apprêtent tumultueusement leurs
armes.

Au commandement de feu ! succède une formidable détonation qui ébranle la prison jusque dans
ses assises, fait pleuvoir une avalanche de plâtras,
et lézarde les épaisses murailles.

Jacques ne pouvant arracher son ami de la
grille à laquelle il est cramponné, s'est fièrement
dressé à son côté, pour périr avec lui.

Un cri de surprise leur échappe, en se trouvant
tous deux sains et saufs, après la détonation.

C'est, que les soldats non moins surpris, mais

Infiniment plus épouvantés, n'ont pas déchargé leurs armes.

Ils restent dans une indescriptible désarroi, en proie à une morne stupeur.

L'explosion s'est produite au dehors.

A peine les dernières vibrations se sont-elles éteintes, qu'on perçoit, dans le couloir même, le bruit d'une marche rapide et cadencée.

Puis, on entend, proférés en langue étrangère, une série de commandements brefs, se succédant sans interruption, accompagnés de brusques froissements de métal.

Une porte latérale, donnant accès dans la salle du conseil, s'ouvre bruyamment et la même voix se fait entendre. Elle n'est plus étouffée par les couloirs et vibre singulièrement dans cette vaste salle où se tiennent pétrifiés le maître de la police, le greffier et les soldats de garde.

Jacques et Julien, non moins stupéfaits, n'en peuvent croire leurs oreilles, en entendant cet ordre donné en bon anglais, et de cet accent auquel on ne résiste pas :

— Bas les armes ! Vous êtes tous prisonniers.

» Le premier qui fait un mouvement est un homme mort.

CHAPITRE XV

Mauvaises raisons de gouvernants aux abois. — A la recherche des agences maritimes. — Cordialité d'un gros
homme. — Sous la sauvegarde du pavillon anglais. —
La lettre d'un secrétaire d'État. — De quoi faire sauter
un ville et ravager une province. — Navire à vapeur.
— *The Scottia.* — Le consul de Sa Majesté Britannique
monte dans un tonneau, et le métis enfourche le *cabal-
lilo.* — Le commandant de la corvette fait honneur à
la signature du ministre. — Branle-bas de combat. —
L'ultimatum. — Autorité en déroute. — Dans dix minutes.
— Coup de canon. — Comment on crochète une porte.
— Une cartouche de dynamite. — Il était temps.

N'ayant que de mauvaises raisons à opposer aux
nouvelles désastreuses arrivant sans interruption
de théâtre de la guerre, à bout d'expédients, sentant gronder l'émeute, les représentants du pouvoir militaire chargés d'assurer la défense de
Trujillo avaient, on s'en souvient, résolu de sacrifier les deux Français, innocents ou coupables.

Accusés d'impéritie par le peuple furieux de

ces défaites successives qui compromettaient à la fois son orgueil et sa sécurité, ils voulaient, en donnant au supplice des prétendus espions tout le retentissement possible, démentir ces accusations et reconquérir leur ancien prestige.

C'était, pour des gens portant allègrement les préjugés, un procédé aussi simple que peu dangereux.

On pourrait donc, faute de mieux, dire à la bonne populace : « Voyez comme nous veillons sur vous, comme notre flair toujours en éveil a merveilleusement servi la cause de la patrie... voyez aussi comme vous nous méconnaissiez !

Bref, cette exécution à grand spectacle, équivaudrait à une victoire.

Ah ! pardieu, les Chiliens, après cela, n'auraient qu'à bien se tenir.

Mais, d'autre part, ces fier-à-bras, n'étaient pas assez téméraires pour ne pas envisager, dans un avenir plus ou moins proche, l'éventualité des responsabilités. Et si tous étaient bien aises de se refaire une virginité, nul ne se sentait la moindre envie de payer, le cas échéant, les pots cassés.

De là l'intention formelle de leur part de faire confesser aux deux voyageurs sinon leur culpabilité, du moins leur soi-disant origine amé ricaine. Et comme la fin, paraît-il, justifie les moyens, de là aussi l'application de ce supplice en usage dans les républiques Hispano-Américaines. Supplice qui, en principe, semble puéril, un supplice pour rire, et qui, en réalité, cause d'épouvantables tortures.

Si, pour un verre d'eau, le comte de Clénay et Jacques Arnaud, brûlés par une soif atroce, en arrivaient à avouer qu'ils étaient Yankees, ils échappaient, par cela même, aux réclamations des représentants de la France.

On instruisait immédiatement une nouvelle procédure dont l'issue ne pouvait être douteuse. C'était la peine de mort appliquée sans retard.

Tel était le motif de cette comédie consistant à envoyer par terre un courrier à Lima. Ce courrier arriverait, bien entendu, en retard près des représentants de la France, et quand bien même ceux-ci, faisant toute la diligence possible, iraient jusqu'à armer un navire pour venir au secours de leurs nationaux, ils ne trouveraient même plus vestiges de leurs cadavres.

Ils réclameraient, sans aucun doute. Mais l'autorité péruvienne, forte de l'aveu des deux accusés répondrait : Ces hommes n'étaient pas Français, voyez leur déclaration. C'étaient deux aventuriers américains.

Voilà ce qu'avait soupçonné Julien, quand profitant du moment où on le séparait, ainsi que Jacques, de leur serviteur, il donna à ce dernier des instructions ayant pour objet de déjouer la mauvaise foi probable de leurs ennemis.

La première et la plus urgente de ces recommandations, était de faire tout au monde pour se rendre de Trujillo à Lima par mer.

Si, en effet, un cavalier ne peut guère compter mettre moins de huit jours pour accomplir ce trajet, il suffit de vingt-huit heures par bateau à vapeur.

Deux compagnies font régulièrement ce service : La Compagnie Française Transatlantique, et la Pacific Steam Navigation C°, aux Américains.

Le métis, bien stylé par son maître, partit sans désemparer pour Salaverry, le port de Trujillo, et se mit aussitôt à la recherche des deux agences.

Arrivé au milieu de cette ville en pleine formation, et comprenant plus de baraques en planches que de maisons, il avisa, tout naturellement, près du rivage, une habitation un peu plus confortable que ses voisines, et devant laquelle des noirs venaient de dresser un mât assez élevé.

Au haut de ce mât flottait un pavillon analogue à ceux qu'il se rappelait avoir vus aux consulats de Quito et de Guayaquil. Sachant que parfois les agents consulaires sont également agents des Compagnies maritimes, il entra bravement, en l'absence de tout serviteur, dans un bureau grand ouvert.

Devant une table chargée de papiers, un homme d'une corpulence énorme travaillait en bras de chemise, et aspirait alternativement l'odorante fumée d'un cigare, et quelques gouttes d'un breuvage qui montait à ses lèvres à l'aide d'un brin de paille.

— Que voulez-vous, mon garçon ? demanda-t-il avec cette joviale bonhomie qui est souvent l'heureux privilège des gros hommes.

— Aller à Lima par le bateau à vapeur français ou américain, répondit presque timidement le Zambuco.

— Ah ! vous vous trompez de maison, mon garçon... Ce n'est pas ici l'agence maritime.

» C'est le consulat anglais... installé depuis hier.

Comme Esteban s'excusait poliment, le gros homme reprit :

— Il n'y a pas de mal...

» Dites-moi, est-ce que vous êtes pressé d'arriver à Lima?

— Oui, Excellence, bien pressé.

— Eh! bien, mon garçon, vous jouez de malheur.

» Le paquebot américain est passé avant-hier, et le vapeur français n'arrivera pas avant quinze jours.

A ces mots, le visage du métis manifesta une si poignante angoisse, que le gros homme se sentit ému.

Au lieu de le congédier, il le retint un moment.

— Ah! Excellence, s'écria le brave enfant, qui tout à coup éclata en sanglots, mes maîtres sont perdus!

— Vos maîtres?...

— Oui, Excellence. Deux voyageurs français que les Péruviens ont emprisonnés, et qu'il veulent mettre à mort.

— Tiens!... Tiens!... Des Français... Racontez-moi donc cela.

» Bien que je sois Anglais, l'histoire m'intéresse, non seulement au point de vue de l'humanité, mais encore, au nom du droit international entre les nations civilisées.

A ces mots, Esteban fit en détail l'historique de ses relations avec Jacques Arnaud et Julien de Cléray, le but de leur voyage, leur rencontre d'un policier dans le train, leur emprisonnement en raison d'une erreur sincère ou simulée, et le motif qui l'appelait à Lima.

L'Anglais l'écouta sans interrompre, en sirotant son breuvage et en humant son puro.

— C'est tout? demanda-t-il après cette relation détaillée.

— Oui, Excellence, c'est tout.

— Vous portez sur vous les lettres destinées à Son Excellence le ministre de France, età l'amiral.

-- Oui, sans doute.

— Permettez que, en ma qualité d'agent de Sa Majesté Britannique, et d'unique représentant des intérêts européens à Trujillo, j'en prenne connaissance.

— Mais, Excellence..

— Je comprends vos scrupules; mais, ajouta-t-il en montrant d'un geste plein de fierté l'Union-Jack, flottant au sommet du mât, n'oubliez pas que votre dépôt est sous la sauvegarde des couleurs anglaises.

— Je vous crois, Excellence, reprit le Zambuco dominé par cette attitude et par ces paroles contrastant si singulièrement avec l'apparence triviale du gros homme.

» Voici les papiers.

Le consul, prit l'enveloppe, en lut la souscription, et s'écria tout joyeux :

-– Savez-vous lire?

— Un peu.

— Eh ! bien, voyez cette adresse.

— Je ne connais pas les mots anglais.

— C'est du français...

— Je ne sais pas davantage.

— Il y a écrit sur cette enveloppe : A Monsieur le ministre de France à Lima, et en son absence, à Son Excellence le gérant de la légation Anglaise...

» Comme je représente ici le ministre de Sa Majesté, je puis prendre connaissance d'une dépêche qui lui est adressée, et cela, d'autant plus qu'il y a urgence.

Le consul ouvrit aussitôt l'enveloppe et en tira plusieurs papiers.

Ses regards tombèrent sur l'un d'eux, couvert de caractères anglais, au bas desquels s'étalait un vaste cachet.

Il déplia le papier et son œil parcourut d'un seul coup le document, de l'en-tête à la signature.

Il tressaillit, comme secoué par une pile électrique.

— Mais, mon garçon, vous portez une recommandation comme personne n'en possède...

» Il y a là dedans de quoi faire sauter la ville et ravager la province.

Puis, n'en pouvant croire ses yeux, il lut à haute

voix, comme s'il eût eu besoin de prendre à témoin
le sens de l'audition :

» *A Messieurs les Ministres, Consuls et Chefs d'Es-*
» *cadre de Sa Majesté Britannique, en Asie, en*
» *Afrique et dans les deux Amériques.*

» Messieurs,

» M. le comte Julien de Clénay, citoyen Fran-
» çais, auquel je donne cette lettre, est un explo-
» rateur que ses études scientifiques appellent
» sur tous les points de la terre.

» Vous lui accorderez votre protection pleine
et entière comme s'il était sujet de Sa Majesté
» la Reine d'Angleterre, et j'apprendrai avec la
» plus vive satisfaction ce que vous aurez fait
» pour lui.

» Signé : Lord B***

» Secrétaire d'État. »

— C'est bien cela !... reprit-il avec une exalta-
tion singulière.

» Il y a, je le répète de quoi bombarder la ville.

» Mon garçon, vos maîtres sont sauvés !

— Ah ! Excellence, s'écria le brave métis, pleu-
rant, mais cette fois, d'attendrissement, comme
vous êtes bon, et comme je vous bénis !

— Eh! il n'est ici question ni **de** bonté ni de bénédiction, mais de devoir...

» Je dois immédiatement et par ordre supérieur, mettre vos maîtres sous la sauvegarde du gouvernement de Sa Majesté la Reine.

» C'est tout ce qu'il y a de plus simple, et en même temps de plus urgent.

» Vous allez rester ici en attendant que je fasse les démarches nécessaires... démarches qui se bornent à une seule : exiger leur mise en liberté.

— Mais, Excellence, si on refuse.

— A un représentant de Sa Majesté!... jamais.

— Sans refuser positivement, on peut donner de mauvaises raisons, et essayer de gagner du temps; et alors qui sait... peut-être empoisonner mes maîtres.

» M. de Clénay m'a bien recommandé de ne pas donner l'éveil, à moins d'être en force.

— En force, repartit le consul avec son large rire... Vous avez parfaitement raison.

» Nous le serons avant une semaine, en force : car, ou je me trompe, ou vous allez voir, d'ici quatre ou cinq jours au plus, arriver un navire de guerre de Sa Majesté.

. . . .

Le cinquième jour allait en effet s'écouler,

quand Esteban, qu'une poignante angoisse torturait nuit et jour, dégringola du haut d'un rocher où il se tenait en vigie, et entra comme une trombe au consulat en criant :

— Un navire !... un navire à vapeur.

— Quelles couleurs? demanda le consul.

— Je ne sais pas... elles me semblent pareilles à celles qui flottent là-haut.

Un bâtiment finement gréé, caché jusqu'alors par la barre de falaises rocheuses bordant le littoral, apparaissait à ce moment.

Il filait lentement, sous petite vapeur, à la recherche d'un endroit propice au mouillage.

A sa corne d'artimon battait fièrement le pavillon de guerre anglais...

— Hourrah ! pour l'Angleterre, s'écria d'une voix retentissante le consul...

» C'est bien le navire que j'attendais : la corvette *the Scottia*, commandée par sir Colin Campbell !

» Vous pouvez crier hourrah ! avec moi, mon garçon, et vous dire, en toute confiance, que vos maîtres sont sauvés.

Pendant que s'opéraient à bord du navire, les multiples manœuvres du mouillage, avec cette précision particulière aux bâtiments de guerre, le consul qui avait signalé sa présence en faisant descendre à trois reprises son pavillon à mi-mât, se mettait en mesure de gagner le bord.

— Il faut donc, encore une fois, me faire porter à dos d'hommes dans un tonneau, murmurait-il avec un désespoir comique.

» Arriver au navire trempé jusqu'aux os, après avoir été odieusement secoué sur ce damné radeau... risquer un plongeon, et être parfaitement ridicule.

» Dans un tonneau !... Un agent diplomatique de Sa Majesté !

» Enfin, le devoir avant tout.

Il introduisit dans une boîte de fer-blanc parfaitement étanche les dépêches apportées par Esteban, puis, avisant celui-ci, lui dit de se hisser également dans un tonneau, et de l'accompagner à bord.

Mais le métis, montrant une grosse gerbe de roseaux échouée sur la plage, fit un signe de dénégation et répondit :

— Excellence, je vais enfourcher le *caballido*, comme le font les portefaix du port, et gagner le vapeur à la nage sur ce paquet de cannes.

» J'arriverai en même temps que vous.

— Comme il vous plaira.

La manœuvre à laquelle avaient assisté six jours auparavant Jacques et Julien, fut rééditée avec les mêmes phases tragi-comiques, mais, avec cette différence que la mer étant moins agitée, le gros homme n'eut pas besoin de se caler entre les pièces du radeau.

Il n'en fut pas moins aspergé jusqu'à la peau, et dut faire son apparition sur le pont, au milieu d'un ruissellement qui, d'ailleurs, ne lui fît pas perdre un atome de sa gravité.

Un homme jeune encore, en petite tenue de bord, de haute taille, blond, mince, pâle, à l'œil bleu, à la figure froide et présentant un contraste complet avec le nouveau venu, assistait impassible à cette arrivée.

Le consul s'avança vers lui et le salua respectueusement.

— J'ai l'honneur de présenter mes hommages à sir Colin Campbell...

C'était le commandant.

— Je suis heureux de vous voir, master Howitt...

» Je constate avec satisfaction que vous êtes installé déjà sur ce rivage inhospitalier.

— Plus inhospitalier que vous ne sauriez le croire, sir Colin.

» Je m'attendais à trouver ici des gens à peu près civilisés, et je tombe au milieu d'une horde de sauvages.

— N'aurait-on pas eu pour vous tous les

égards qui vous sont dus, en tant que sujet anglais, et représentant de Sa Majesté.

— Non pas pour moi... Mais c'est tout de même.

» Au point que je ne serais pas étonné d'entendre avant peu gronder vos canons et voir débarquer vos soldats de marine.

— Expliquez-vous, mon cher Howitt, répondit le commandant toujours impassible, mais dont l'œil bleu fut traversé d'un rapide éclair.

— Je vous serais obligé, avant de vous donner de plus amples renseignements, de prendre connaissance de ces documents qui m'ont été fournis, il y a six jours, par ce brave garçon qui vient de se hisser à bord par les tireveilles...

» Tenez... veuillez lire.

L'émotion du commandant de la *Scottia*, pour être moins apparente que celle ressentie jadis par le consul, à la lecture de la lettre signée par le secrétaire d'État, n'en fut pas moins profonde, tant de pareilles recommandations sont rares et partant honorables pour les élus qui en sont l'objet.

— Et ce gentleman, reprit sir Colin Campbell, dont les pommettes pâles s'étaient légèrement empourprées, réclame l'assistance britannique, n'est-ce pas ?

— Oui, commandant; et non sans besoin, car

il se trouve, ainsi que son compagnon, dans une position à peu près désespérée.

— Dont ils seront sortis dans trois heures, master Hawitt, dussé-je brûler la ville, et ensevelir ses habitants sous les décombres !

» Ah ! pardieu, il y a longtemps que j'ai bonne envie de donner une leçon à ces bravaches, qui, depuis six mois, m'échauffent les oreilles de leurs rodomontades et de leurs mensonges.

» J'en serai d'autant plus heureux que nous avons depuis 1866 un vieux compte à régler...

» Et maintenant, comme le temps presse, comme la « Santé » ne fait pas mine de venir viser ma patente, et que je ne veux pas attendre, je vais prendre toutes mes dispositions pour l'éventualité d'une attaque, pendant que vous me raconterez cette sinistre aventure.

» Lieutenant, faites hisser les signaux de guerre !...

» Ordonnez le branle-bas de combat !...

» Les canonniers aux pièces !...

» Quarante soldats de marine parés pour le débarquement... deux cents cartouches par homme.

— Mais, commandant, c'est bel et bien une déclaration de guerre, sans sommation préalable.

— Vous allez porter la sommation, puis vous reviendrez au consulat.

» Si vous amenez votre pavillon, je commencerai le feu.

— All right!

— Maintenant, parlez, je vous écoute.

L'entretien dura cinq à six minutes, pendant lesquelles le branle-bas répandit, dans le navire, une sorte de fièvre à laquelle chacun participa.

Ces quelques moments avaient suffi à l'édification du commandant et aux préparatifs de l'attaque.

Puis, sir Colin Campbell descendit dans son appartement, resta absent un quart d'heure, et remonta en grande tenue, tenant à la main une lettre dont il donna lecture à master Howitt.

C'était l'ultimatum conçu en ces termes :

« Le soussigné, commandant la corvette *the*
» *Scottia*, navire de Sa Majesté la reine de Grande
» Bretagne et d'Irlande, impératrice des Indes,
» de l'avis du consul de Sa Majesté, prévient l'au
» torité péruvienne à Trujillo (Pérou) :
» Que si MM. le comte de Clénay, et Jacques
» Arnaud, indûment arrêtés par la dite autorité
» péruvienne, ne sont pas rendus à son bord dans

» trois heures, c'est-à-dire à cinq heures au chro-
» nomètre de la corvette ;

» Le soussigné, légitime protecteur des sujets
» de Sa Majesté Britannique, et défenseur du
» droit international entre les nations civilisées,
» poursuivra leur délivrance par tous les moyens,
» même et surtout par la force.

» Et ce, sans préjudice des indemnités ou ré-
parations auxquelles pourront avoir droit les
parties lésées.

» Fait à bord de la corvette *the Scottia*, le 16 novembre 1879.

» *Le commandant de la corvette,*

» Sir Colin J. Campbell. »

— Et maintenant, mon cher Howitt, vous
voyez ce que vous avez à faire.

» Pendant que vous irez au consulat revêtir
votre uniforme, mes hommes débarqueront sous
la conduite du second lieutenant, et ils vous ac-
compagneront jusque dans la ville.

» Le serviteur des gentlemen français vous
guidera vers la prison, si l'autorité ne capitule
pas de bon gré.

» Allez, vous avez carte blanche.

Les soldats de marine, ravis de cette diversion

Julien ouvrit en ce moment la porte. (Page 284.)

qui s'offrait à eux sous forme de horions à dis-
tribuer, firent tant et si bien, le consul, de son
côté, après un nouveau transbordement, employa
si activement son temps, qu'il parvenait aux premières maisons de Trujillo une heure et demie
après son entrevue avec le commandant Campbell.

Cette troupe superbe, au brillant uniforme, à
l'air martial, produisit, en dépit de son petit
nombre, une singulière impression de stupeur.

Mais, ce fut bien autre chose, quand le consul,
après avoir vainement essayé de rassembler les
chefs militaires, afin de leur communiquer
collectivement l'ordre de sir Campbell, dut se rabattre sur le maître de la police, qui, préten-
daient-ils, avait la haute main sur cette affaire.

Saisis de panique, en apprenant que leurs prisonniers étaient réclamés par un navire de guerre
anglais, on les vit s'éclipser un à un, et devenir
absolument introuvables.

Cependant, le temps passait.

Master Howitt réussit pourtant à mettre la
main sur le maître de la police. Celui-ci, plus
brave ou peut-être plus compromis, ne déclina aucune responsabilité, et essaya de gagner du temps.

Il demanda une demi-heure.

Master Howitt lui accorda généreusement les
dix minutes qui restaient avant cinq heures.

— Dix minutes !… soit, fit-il brièvement, puis il disparut.

Esteban, l'œil toujours au guet, le vit s'élancer du côté de la prison.

— Excellence, dit-il au consul, cet homme a de mauvais desseins, il va arriver malheur à mes maîtres.

— C'est bien possible ; car le drôle a tout à fait la mine d'un sacripant.

» Eh ! bien, nous pouvons nous diriger aussi vers la prison.

» Qu'en pensez-vous, lieutenant ?

— All right ! fit brièvement l'officier.

Cinq heures sonnaient aux horloges de la ville, au moment où la colonne arriva devant la porte massive du lugubre monument.

Le lieutenant frappa rudement, mais en vain, avec le pommeau de son sabre.

— C'est inutile, dit-il. Ces gens-là n'ouvriront pas.

— Cinq heures ! s'écria Master Howitt.

» Sir Colin doit s'ennuyer.

A ce moment, on entendit un coup de canon qui fit trembler les maisons de bois.

— Quand je vous le disais !

» Le commandant est la ponctualité même.

» Et nous sommes en retard !

» Comment enfoncer cette porte de forteresse.

— C'est l'affaire de vingt-cinq secondes, montre en main, dit le lieutenant.

Il appela un de ses hommes qui lui remit un petit cylindre qu'il tira de son sac. Ce cylindre, de la grosseur du poignet, pouvait avoir trente centimètres de long.

On voyait un bout de mèche sortir d'une des extrémités.

Le lieutenant fit reculer sa troupe, posa le cylindre au bas de la porte, alluma la mèche avec son cigare et dit à Master Howitt vivement intéressé par ces préliminaires :

— Il n'est rien de tel, voyez-vous, pour crocheter une porte, qu'une cartouche de dynamite.

Une terrible détonation retentissait à ce moment, et fracassait comme verre la porte, dont les éclats pulvérisés se répandirent de tous côtés.

La voie était libre.

Les soldats de marine pénétrèrent, le lieutenant en tête, dans l'orifice béant, puis, guidés par Esteban, ils avancèrent vers la cellule où devaient agoniser les prisonniers.

C'est alors que l'officier anglais, entendant le tumulte produit par les soldats péruviens, au moment où ils allaient fusiller les deux Français à travers la grille, s'élança dans la salle du conseil, suivi de ses hommes, et cria d'une voix de tonnerre :

« Bas les armes !... Vous êtes prisonniers.

Il était temps.

CHAPITRE XVI

L'officier de marine fit désarmer séance tenante les soldats péruviens qui, surpris de cette attaque aussi rapide qu'inattendue, n'avaient même pas pensé à résister.

Il confia ensuite à quatre de ses hommes le maître de la police, auquel il adjoignit en véritable hérétique, le moine remplissart les fonctions de commis-greffier.

— Nous avons, dit-il, une retraite à opérer au milieu d'une population hostile, ces deux messieurs nous serviront d'otages.

— All right ! fit gravement Master Howitt.

Pendant cette scène dramatique, les deux prisonniers tendaient vers leurs libérateurs des mains éperdues, en râlant d'une voix éteinte :

— ... De l'eau !... de l'eau !

— Enfoncez la porte ! cria le lieutenant.

Les soldats de marine s'élançaient pour exécuter l'ordre, quand on entendit, à l'autre bout du couloir, des imprécations furieuses.

C'était Esteban, qui dès le début de l'affaire, après s'être approprié sans façon le fusil d'un Péruvien, s'était mis à la recherche du geôlier.

Il l'avait trouvé, blotti au fond d'une cour, et il l'amenait, la baïonnette aux reins.

L'autre, affolé de terreur, le visage gris de cendre, roulait des yeux effarés, et pouvait à peine avancer, tant l'épouvante paralysait ses jambes.

Esteban, croyant qu'il résistait, l'accablait d'injures et l'aiguillonnait de la pointe de son arme.

— La porte, moricaud ! ou je te cloue au mur, s'écria-t-il au moment où il arrivait devant la cellule.

Voyant que le lâche bourreau tremblait au point de ne pas pouvoir introduire la clef dans la serrure, il lui arracha son trousseau, et ouvrit la porte avec fracas..

— De l'eau!... de l'eau!... criaient les infortunés Français.

Deux soldats s'élancèrent dans la cour, emplirent leurs bidons à la fontaine, et les rapportèrent en courant.

Jacques et Julien, arrachés enfin aux horreurs de la solitude, purent à peine bégayer un « merci » et se mirent à boire avec l'avidité de bêtes fauves.

Si les souffrances de la soif sont épouvantables, en revanche, le seul remède qu'elles comportent opère séance tenante.

Rassérénés par cette vivifiante absorption, les deux amis reconnurent les uniformes anglais, et s'écrièrent d'une seule voix :

— Merci!... vous tous qui nous avez sauvés.

Alors, au milieu de cette scène émouvante, survint un incident bien typique, montrant, une fois de plus, combien, même au milieu des conjonctures les plus graves, les Anglais restent formalistes.

Le lieutenant remit sans mot dire son sabre au fourreau, et s'inclina courtoisement vers Jacques et Julien, en désignant le consul sanglé dans sa grande tenue :

— Master Richard Howitt... consul de Sa Majesté Britannique.

Les deux amis saluèrent.

— Sir Edmond Brighton... second lieutenant de la corvette *the Scottia*, fit le consul en montrant l'officier.

Jacques et Julien saluèrent derechef.

Ils opérèrent à leur tour une manœuvre identique, se présentèrent mutuellement, après quoi, tous quatre échangèrent une de ces vigoureuses poignées de main anglaises, qui se répercutent cordialement des doigts à l'articulationde l'épaule.

— Eh ! bien, master Howitt, dit Julien au moment où il échangeait le shake hand avec le gros homme, j'étais loin de m'attendre, au moment où nous assistions, il n'y a pas encore une semaine, à votre débarquement, que nous aurions le bonheur de vous devoir notre délivrance.

— Aoh ! fit le gros homme en riant d'un vaste rire... vous voulez parler du tonneau...

» Je devais être extraordinaire et tout à fait risible.

» Mistress Hovitt trouvait cela shoking, mais les misses se sont bien amusées.

» Je serais curieux de voir ma propre personne opérer ce voyage original.

— En retraite, gentlemen ! termina l'officier

qui ne put s'empêcher de sourire, en pensant qu'il
avait contemplé, quelques heures auparavant, ce
spectacle pittoresque.

La troupe se mit en marche, faisant une garde
d'honneur aux deux Français, qui, soustraits à
peine à l'obsession de ce lugubre cauchemar,
affaiblis par une semaine d'angoisses morales et
de tortures physiques, pouvaient à peine marcher.

La fortune leur devait bien un dédommage-
ment.

Ils n'attendirent pas longtemps, car au moment
où la colonne quittait la prison, apparut une superbe voiture découverte, traînée par deux chevaux, dans laquelle se prélassait une Excellence
chamarrée comme un marchand de vulnéraire.

— Pardieu ! fit l'officier, voilà bien notre affaire.

» Holà ! ho ! descendez, dit-il sans préambule
à l'Excellence, de ce ton d'un homme du *high life*
qui, se trouvant en pays conquis, ne veut pas attendre.

L'autre voulut le prendre de haut, parla du
droit des gens, invoqua sa qualité de propriétaire...

Il aurait continué longtemps sur ce ton, si le
lieutenant n'eût fait un signe rapide à deux
hommes qui comprirent aussitôt.

— Enlevez !...

Et l'Excellence, subitement déracinée par deux

paires de bras vigoureux, alla s'abattre comme un paquet de clinquant, au milieu de la poussière de la route.

Esteban, ne voulant pas rester en retard, s'accrochait en même temps au siège, arrachait par une jambe le cocher, lui faisait opérer une triomphante culbute, prenait sa place sans vergogne et réunissait les rênes avec l'aplomb d'un homme qui a toute sa vie conduit des huit-ressorts.

Sir Brighton, Master Howitt, Jacques et Julien s'installèrent sans façon dans la voiture, et reprirent triomphalement le chemin de Salaverry, pendant que les habitants de Trujillo, épouvantés à la vue des uniformes du Royal-Marine, et craignant un sort analogue à celui du maître de la police et du commis-greffier qui formaient piteusement l'arrière-garde, se barricadaient dans leurs demeures.

Ils arrivèrent au consulat, au moment où Master Howitt terminait le récit détaillé des événements qui avaient précédé la délivrance des prisonniers.

Un hourra, ou plutôt un de ces rugissements comme seuls en expectorent les gosiers anglais, les accueillit du large.

La corvette, restée sous vapeur, était venue s'embosser au plus près, choisissant un poste de combat excellent, lui promettant de pointer sur la ville les canons d'une bordée.

L'équipage, tout entier sous les armes, avait poussé ce vivat, auquel se mêlait peut-être un peu de regret causé par ce dénouement pacifique.

— Eh! bien, messieurs, vous allez à votre tour voyager en tonneau, dit en riant de son gros rire contagieux master Howitt.

» Car je présume que vous allez venir serrer la main du commandant sir Colin Campbell.

— Vêtus comme nous le sommes, et ressemblant plutôt à des bandits, qu'à d'honnêtes réclusionnaires.

— Parbleu! je vous emmène à bord sans plus de façons.

» Sir Colin ne me pardonnerait pas une minute de retard.

» Mais, j'y pense, et vos bagages...

Avisant alors le maître de la police, blême, honteux, tremblant entre quatre hommes, l'arme au bras :

— Puisque c'est vous qui avez fait arrêter ces gentlemen, dit-il rudement, vous devez savoir où sont leurs bagages...

— Mais, Excellence... balbutia le Péruvien, j'ignore...

— Vous ignorez!...

» Eh! bien, vous avez deux heures pour savoir.

» Si passé ce temps vous n'avez ni trouvé, ni
amené au consulat tout — vous entendez bien,
tout — ce qui appartient à ces messieurs, la ville
sera frappée d'une contribution et vous serez
rendu personnellement responsable.

» Quant à moi, je saurai bien vous retrouver.

» Vous n'ignorerez pas, une autre fois, comment, quand on se targue de civilisation, on se
conduit vis-à-vis de gens civilisés.

» Allez! vous êtes libres, vous et votre compagnon.

» Et surtout, n'oubliez pas que la crainte du
pavillon anglais est le commencement de la sa-
gesse.

Pendant ce temps, les portefaix du port avaient
préparé les tonneaux et les radeaux nécessaires
pour se rendre à bord.

L'atmosphère étant exceptionnellement calme,
la houle ne déferlait pas avec sa violence habituelle.

En moins de cinq minutes, le premier radeau
sur lequel se trouvaient Jacques, Julien, le lieutenant et Master Howit, avec le quart du détache-
ment, atteignait la plate-forme inférieure et l'escalier de la corvette.

Master Howitt s'avança le premier, après avoir

enlevé le mackintosh qu'il avait pris en passant, afin de soustraire son uniforme aux paquets de mer.

Derrière lui, montaient Jacques et Julien, suivis du lieutenant.

Un officier les reçut à la coupée et les conduisit vers le commandant qui se promenait à l'arrière, et qui, en les apercevant, s'avança rapidement à leur rencontre.

— Monsieur le comte de Clénay... monsieur Arnaud, fit Master Howitt avec toute la majesté de son importante carrure, et surtout avec la fière satisfaction du devoir accompli.

— Commandant, dit Julien avec sa suprême distinction de gentilhomme, croyez à la gratitude ineffaçable de deux Français que vous avez traités en véritables compatriotes...

— Ne parlons pas de cela, monsieur, interrompit avec cordialité le commandant...

» D'abord, en présence de ces demi-sauvages, tous les Européens sont compatriotes.

» Ensuite, la lettre de Lord B*** n'équivaut-elle pas pour vous à des lettres de grande naturalisation.

» Mais, vous devez être épuisés...

» On va vous conduire à vos chambres, puis,

vous viendrez le plus tôt possible, faire honneur au repas qui vous est préparé.

Il était temps. Les deux amis, brisés par l'insomnie, la claustration, la faim et surtout la soif, défaillaient littéralement.

Le médecin du bord, édifié sur le régime auquel ils avaient été astreints pendant une semaine, prescrivit un traitement « ad hoc » et composé de potages savoureux, entremêlés de quelques verres de Xérès.

Au bout d'une heure, ils commençaient à récupérer leur vaillance, et ils allaient s'asseoir à la table du commandant, qui avait, en leur honneur, invité l'état-major à dîner.

Tout le monde parlant purement le français, Jacques infiniment moins ferré que Julien sur la langue anglaise, put converser librement et pour la première fois de sa vie, avec des marins, sur un navire de guerre.

Il retrouva toute sa verve, au milieu du repas qui se prolongea jusqu'à des heures tout à fait invraisemblables, et obtint un succès fou, en racontant leur odyssée à tous deux, depuis le départ de Paris, jusqu'au moment où, après avoir contemplé Master Howitt dans son tonneau, ils étaient traîtreusement mis en prison par le policier péruvien.

Puis, commença la redoutable série des toasts.

On but à Sa Majesté la Reine, au Président de la République, à la France, à l'Angleterre, à l'union des peuples, à la marine anglaise, au commandant Campbell, à Master Howitt, à l'équipage de la corvette...

Tous ces toasts étaient coupés de hourras retentissants, auxquels se mêlaient les vivats des soldats et des marins qui, ayant reçu une triple ration de vin et de brandy, célébraient, sur le gaillard d'avant, la délivrance des deux amis.

Jacques termina enfin la série, en buvant à la mémoire de son prédécesseur lord Cochrane, le voyageur pédestre... ce qui était rigoureusement de circonstance, et souleva un véritable ouragan de hourras.

Puis, chacun s'alla coucher.

Il était temps.

Jacques, secoué par le roulis du navire, dormit comme une marmotte, et rêva qu'il allait de France au Brésil... par mer, mais en passant par le canal de Suez et l'océan Indien. Il opérait sans désemparer la traversée du Pacifique, doublait le Cap-Horn et venait débarquer à Rio-de-Janiero, après trois mois de navigation, sans avoir vu la terre depuis la sortie du canal de Suez, et chose plus extraordinaire encore, sans avoir eu une minute le mal de mer.

Au moment où le timonnier piquait le second quart du matin, il s'éveilla bravement, stupéfait et joyeux de se trouver dans une chambre d'officier de marine, se remémora les événements de la veille, la délivrance, le dîner, les toasts et finalement sa nuit à bord...

Julien, en toilette de ville, la face reposée, aussi frais que s'il sortait de son appartement du boulevard Haussmann, ouvrit en ce moment la porte.

— Oh! tu es superbe! s'écria Jacques encore à moitié endormi.

— Nos malles sont arrivées à bord hier pendant le dîner, et j'ai fait un bout de toilette, pour le déjeuner.

— Tiens, c'est vrai... on déjeune, aujourd'hui.

— Parbleu! On mange et on boit pour les jours d'abstinence.

— Dis donc, Julien, sais-tu à quoi je pense, en ce moment?

— J'avoue que je ne m'en doute même pas.

— Nous sommes à l'ancre, n'est-il pas vrai?

— Effectivement : la corvette se trouve à environ quatre cents mètres du rivage.

— Ce mouvement de bascule qui, de temps en

temps, me met, dans mon lit, les pieds plus haut
que la tête, c'est le roulis ?

— Sans doute.

» Comme la houle est très forte, ici, le bâtiment
roule beaucoup.

— Je devrais donc avoir le mal de mer.

— Je n'en vois pas l'absolue nécessité.

— Eh ! bien, je ne l'ai pas du tout... mais du
tout.

» Le diable m'emporte ! que ce soient les confitures à jet continu pendant huit jours, ou les
toasts de cette nuit, je suis guéri...

» Heep ! heep !... hourra !...

— Mais tu es fou !

— On le serait à moins.

» Julien !

— Quoi?

— J'ai eu diablement tort, jadis, de ne pas aller
tout simplement de Bordeaux à Rio.

— Tu t'en aperçois un peu tard.

— Ça doit être très amusant de naviguer.

— Très amusant, en effet...

— Je viens de faire en rêve presque le tour du
monde par mer et jamais je n'ai été si heureux.

— Mais qui nous empêche de nous embarquer
ici pour San-Francisco, et de prendre le vapeur
qui fait le service entre les îles Fidji et l'Australie.

» Arrivés à Melbourne, nous changeons de bateau, nous traversons dare dare la mer des Indes, la mer Rouge, le canal, la Méditerranée, et nous revenons tranquillement à Rio en franchissant l'Atlantique.

— C'est positivement mon rêve, avec l'itinéraire en sens inverse.

— D'où tu conclus?...

— Que je commence à comprendre l'amour des marins pour l'eau salée, cet amour que je trouvais baroque, répugnant, contre nature.

— Comment ! malheureux, tu as hier bu à la mémoire de lord Cochrane, le *voyageur pédestre*, et tu rêves aujourd'hui de pareilles équipées à travers les océans.

» Ah ! mon ami Jacques, je te le disais bien, jadis, alors que sédentaire endurci, tu trouvais extraordinaire mes envolées lointaines : quand une fois on a goûté aux voyages, on ne s'arrête plus... qui sait où te conduira ta première échappée...

— Mais ! de *Paris au Brésil par terre*.

» C'est déjà bien assez joli.

» A propos, combien nous reste-t-il de chemin à parcourir pour arriver à Jacquari-Mirim?

— Un peu plus de quatre mille kilomètres.

— Un millier de lieues.

» Il faudra absorber cela en trois mois

— En moins de temps si c'est possible.

— Nous devrons donc nous mettre en route au plus tôt.

— Nous partirons après midi, si tu veux, après avoir dit adieu à ce digne commandant, à cet excellent Mr. Howitt et pris congé de l'état-major.

Sir Colin Campbell comprendra notre hâte et nous excusera de nous arracher aussi vite à sa gracieuse hospitalité.

— Oui, tu as raison... Le temps presse.

» D'autant plus que le Buttler avec son Bob arriveront à Jacquari-Mirim bien avant nous, et il me déplaît de savoir que ces drôles vont coucher dans mon lit, manger dans ma vaisselle, se prélasser chez moi, après avoir eu l'audace — ce qui est plus répugnant encore — de se mettre dans notre peau.

CHAPITRE XVII

Adieux à l'état-major anglais. — A Lima. — Les pendus de la cathédrale. — Le cannibalisme en politique. — En l'absence du ministre. — Le chemin de fer *transandin*. — Un pont de paille qui fait mentir le proverbe. — Une des sources de l'Amazone. — Le lac Titicaca. — Combustible original pour chauffer les machines. — Il faut attendre pour manger que les bêtes aient digéré. — Jacques navigue à 4,000 mètres au-dessus du niveau de la mer... et ce n'est pas en ballon. — Victoire sur le mal de mer. — Le Desaguadero. — Arrivée à Chuquisaca.

Fidèles à leur programme, les deux amis quittèrent le jour même la *Scottia*, en dépit des cordiales sollicitations du commandant, sir Colin Campbell, qui insistait pour les retenir au moins quelques jours à son bord.

Mais, comme l'avait dit Jacques, le temps pressait, au point qu'il n'y avait pas une minute à perdre.

Le digne officier, voyant leur résolution irrévocable, voulut leur rendre un dernier service, en leur facilitant, autant qu'il était en son pouvoir, les moyens d'arriver par terre à Lima.

Il avait bien sa corvette qui les eût conduits en vingt-quatre heures. Mais, c'eût été enlever, au dernier moment, une partie de son mérite à ce prodigieux voyage par terre. Et sir Campbell était bien trop Anglais pour compromettre cette entreprise originale, en coupant le trajet par cent vingt-cinq lieues de navigation.

Il réquisitionna trois chevaux excessivement rapides, les offrit à Jacques et à Julien à titre d'indemnité, arma jusqu'aux dents les deux voyageurs, ainsi que leur serviteur, et leur souhaita bon voyage.

Il fit ensuite déclarer aux autorités qu'il les rendait responsables de la sécurité des trois hommes, et que s'il leur arrivait malheur en route, les représailles ne se feraient pas attendre.

Puis, les trois cavaliers, munis de quelques effets de rechange installés en porte-manteaux, s'élancèrent sur la route de Lima, en laissant sur la corvette l'encombrant bagage restitué par le maître de la police.

Après cinq jours d'une course enragée, sur une route impossible, traversée par des rivières qu'il fallait passer à gué, et plus souvent encore à la nage, ils atteignirent sans encombre la capitale du Pérou.

Comme ils n'étaient pas venus pour admirer les splendeurs passablement surfaites de cette cité de 90,000 âmes, aux rues se coupant invariablement et disgracieusement à angle droit, aux monuments assez remarquables quand ils sont vus de loin, mais trop surchargés d'ornements d'un goût contestable, ils se préparèrent sans désemparer à partir pour la Bolivie.

Ils remarquèrent seulement que la ville, habituellement calme, était en proie à une surexcitation bien naturelle, produite par les nouvelles de plus en plus mauvaises arrivées du théâtre de la guerre.

Les Chiliens, continuant *à battre en retraite en avant*, s'approchaient de plus en plus, et les orgueilleux Liméniens, pérorant devant les petites maisons basses au toit plat, se grisant de paroles, s'enflammant au récit d'exploits mensongers, colportés par les journaux à la dévotion du dictateur Nicolas Piérola, exaltaient les succès imaginaires de leurs armes, et ne parlaient rien moins que de l'anéantissement prochain de leurs ennemis sous les murs de la capitale.

De semblables propos, recueillis au passage, faisaient hausser les épaules à Julien qui, connaissant les Chiliens, disait à Jacques, en parlant des Péruviens :

— Ces bonshommes nerveux, verbeux, vantards, m'exaspèrent avec leur vanité stupide.

» Au lieu de recevoir avec dignité cette rude leçon que leur donnent les Chiliens, de reconnaître franchement la cause de ces défaites successives, aussi indéniables que méritées, et de reconstruire, sur d'autres bases, l'édifice vermoulu de leurs institutions, ils crient, vocifèrent, montrent le poing à l'ennemi invisible, comme ces enfants fustigés qui braillent et tirent la langue, par bravade, à l'auteur de la correction.

» Ou je me trompe fort, ou ils subiront bientôt un de ces terribles échecs qui font époque dans la vie d'un peuple, et l'annihilent complètement, s'ils ne le font pas revenir de ses errements.

Paroles vraiment prophétiques, et qui allaient bientôt se réaliser par le siège de Lima, la prise de la ville, après des combats acharnés et la fuite honteuse du dictateur Piérola, le spécimen accompli des bravaches de la vieille école Hispano-Américaine.

En se rendant chez le ministre de France, ils passèrent devant la célèbre cathédrale de Lima. Un monument énorme, long de cent cinquante mètres, surmonté de deux tours hautes de cinquante, avec un portique ruisselant d'ornements, le tout, offrant à l'œil une bizarre couleur saumon, du plus singulier aspect.

— Tiens, fit Julien, la vue de ces deux tours me rappelle une effroyable histoire dont le récit, après notre aventure de Trujillo, te montrera ce dont sont capable ces gens mal équilibrés, excessifs en toutes choses.

» Je serai bref.

» Le président de la République Péruvienne, Balta, venait d'être assassiné par deux usurpateurs, les frères Gutierrez.

» Le peuple s'empara des deux misérables, et les pendit... devine en quel endroit.

— A quelque réverbère, le lieu classique d'élection de ces sortes d'opérations.

— Tu connais mal les Péruviens.

» On accrocha les Gutierrez au haut de chacune de ces tours.

— Pour des gens qui cherchaient à s'élever, et à se mettre en évidence, l'endroit n'était pas mal choisi.

— Ce n'est pas tout, continua Julien sans s'arrêter à ce commentaire quelque peu saugrenu.

» Quand ils furent pendus et bien morts, on coupa les cordes, et les cadavres vinrent se broyer sur cette plate-forme qui donne accès à l'église.

— C'était pour le moins inutile.

— Attends la fin.

» La populace affolée, furieuse, ivre de carnage, se rua sur ces débris mutilés et les mit en lambeaux...

» On rôtit les membres, et on les dévora jusqu'aux os !...

» De vieilles négresses firent cuire tout ce qui échappa à la dent de ces cannibales, et vendirent des pincées de cendres, comme souvenir de cette exécution opérée par la « justice » populaire au Pérou.

— Quelle histoire de Canaques anthropophages me racontes-tu là ? fit Jacques écœuré.

— Les Canaques étaient tout bonnement ces caballeros qui se promènent en poncho, en bottes molles, et en chapeau de Guayaquil, ou encore vêtus à l'européenne.

— Mais, il y a trois cents ans... au temps de la conquête...

— Cette scène épouvantable se passa le 26 juillet 1872... c'est-à-dire il y a *sept ans et demi*.

— Brrr... tu me fais froid dans le dos.

» Dis donc, mieux vaut encore notre indigestion de confitures.

Sur cette dernière réflexion qui était pour Jacques la moralité de cette lugubre histoire, les deux amis entraient à la légation Française.

En l'absence du ministre, — les ministres sont généralement absents, ainsi que l'auteur a pu lui-même s'en convaincre plusieurs fois, — ils furent reçus par le secrétaire général.

Le diplomate tomba de son haut, en apprenant l'inqualifiable violence dont avaient été victimes ses deux compatriotes.

— Comment ! répondit Julien, vous n'avez pas reçu le messager qui a dû être expédié de Trujillo avec une lettre pour le ministre...

— Je n'ai absolument rien vu.

— Eh ! bien, nous devons bénir doublement sir Colin Campbell et l'intervention anglaise.

» Enfin, nous sommes libres, et c'est là l'essentiel.

» Nous comptons partir aujourd'hui même, et nos instants sont comptés.

» Nous tenions à vous informer de cette violation du droit des gens, non pas tant pour obtenir une satisfaction personnelle, que pour éviter le retour de pareilles aventures, et surtout pour que l'honneur et la sécurité de nos nationaux soient désormais respectés.

. . . .

Le soir même ils prenaient passage dans un

wagon du chemin de fer de la Oroya, le fameux *Transandin* qui franchit la Cordillère à plus de 15,000 pieds anglais d'altitude, longe des flancs abrupts, franchit, sur une trentaine de ponts, des abîmes insondables, traverse, par une quarantaine de tunnels, les schistes ardoisiers, les dolérites et les quartz et vient aboutir aux villes de Tarma et de Jauja, auxquelles il communique une vie nouvelle.

Ils firent marché à Tarma, avec un arriero qui, moyennant un prix raisonnable, leur fournit trois mules de selle, avec une quatrième pour les bagages et prit l'engagement de les conduire à Cuzco, distant d'environ cinq cents kilomètres.

Ils ne firent que traverser la jolie petite ville de Tarma, située à près de 3,000 mètres d'altitude, un des endroits le plus salubres du monde entier, dont le séjour est recommandé aux nombreux phthisiques de la côte.

Par un privilège bien rare et bien précieux, il arrive très fréquemment que des infortunés, rongés par ce mal terrible, guérissent, bien qu'arrivés au deuxième et même au troisième degré.

D'après un médecin éminent, le docteur Jourdanet, qui a observé et pratiqué pendant de longues années sur le hauts plateaux de la Cordillère, les cas mortels de phthisie constituent l'infime minorité, après un séjour de deux, parfois même de trois ans dans ces parages favorisés.

Ils arrivèrent à Huancayo, où se termine la vallée de Jauja, et se mirent en route, le lendemain, pour Ayacucho, une ville magnifique de vingt mille âmes, qui possède plusieurs monuments assez remarquables, et dont les habitants ont pour la sculpture des dispositions assez curieuses, sur le mérite desquelles ils se font, d'ailleurs, de singulières illusions.

Après avoir traversé, le surlendemain, le rio Pampas, un des affluents de l'Apurimac, sur un pont suspendu fort original, en ce sens que le tablier est formé d'une immense natte de paille tressée ; après avoir ensuite couché à Andohuaylas, ils continuèrent, sans désemparer, cette marche horriblement pénible, remontèrent le rio Pachachaca, autre affluent de l'Apurimac, et le franchirent sur un superbe pont de pierre, à une seule arche, construit par les Espagnols.

Ils arrivèrent enfin à l'Apurimac, par des sentiers invraisemblables incrustés à des rochers, au bas desquels le rio roule des eaux furieuses qui courent, en bondissant, jusqu'au puissant Ucayali, un plus grands affluents de l'Amazone.

Julien fit, à ce propos, remarquer à son ami, que des géographes éminents font de l'Apurimac la source de l'Amazone. Ils prétendent, non sans raison, que cette branche du fleuve étant plus longue que le Marañon, dont la source se trouve à Huanaco (1), elle doit être considérée comme l'origine du géant équinoxial qu'elle allonge ainsi de près deux cents lieues.

Deux jours après, ils faisaient leur entrée à Cuzco : c'était le 1er décembre.

Quelle que fût l'originalité de cette ville singulière, contruïte en matières granitiques, en diorites, grès et porphyres, à reflets gris, noirs ou bleuâtres, et que M. Charles Wiener appelle si justement la Rome de l'Amérique du Sud (2), ils ne jugèrent pas à propos de s'y arrêter.

Le chemin de fer qui relie aujourd'hui Cuzco à Puno, sur le lac Titicaca, était alors en construction. Mais les travaux essentiels étant fort avancés, ils espéraient pouvoir profiter des trains portant des matériaux.

A défaut de train, ils trouvèrent une machine qui allait conduire un ingénieur à Sicuan, située à mi-chemin de Puno, c'est-à-dire à cent vingt kilomètres.

(1) A environ 800 kilomètres au Nord.
(2) Cuzco, ou plutôt le Cuzco est la troisième ville du Pérou. Le nombre de ses habitants est de 50,000 dont les sept huitièmes sont des Indiens de race pure.

Moyennant une somme assez ronde, ils obtinrent, en leur qualité d'étrangers, et surtout de Français, de prendre place sur le tender.

Le hasard voulut que de Sicuan, où ils arrivèrent sans encombre, la voie fût à peu près praticable jusqu'à Juliaca. Les choses avaient trop bien marché jusque-là, pour que les deux amis voulussent s'arrêter en si beau chemin.

Julien, le caissier de l'association, proposa de continuer jusqu'à cette ville de Juliaca, où la ligne est régulièrement exploitée jusqu'à Puno.

L'ingénieur objecta d'insurmontables difficultés qui, finalement, s'aplanirent sous une sérieuse poussée de ces disques en argent dénommés piastres.

En trois heures ils arrivèrent enfin à Puno, le grand port du lac Titicaca.

— Eh! bien, ami Jacques, nous allons donc naviguer.

— Tiens! c'est vrai...

» Bah! Une navigation pour rire... sur un simple lac...

— Et qui ne compromet en aucune façon notre voyage par terre.

— Quand partons-nous?

— Mais... dans un moment.

» J'entends, si je ne me trompe, le sifflet du bateau qui va nous transporter en Bolivie.

— Dis-moi, à quelle hauteur sommes-nous, ici.

— A quatre mille mètres, si j'ai bonne mémoire.

— Et... ces bateaux à vapeur sont de vrais bateaux?

— Parfaitement. Ils sont deux qui font le service régulier.

» Deux bijoux : des jumeaux de la force de dix chevaux, et appelés l'un le *Yavari*, l'autre le *Yapoura*.

— On les a donc construits ici, ou bien sont-ils venus de la lune?

— Des constructeurs Nord-Américains les ont tout bonnement amenés en morceaux à la côte la plus proche.

» On a conduit jusqu'ici, à dos de mulet, les dits morceaux soigneusement étiquetés, on les a remontés sur le lac, où ils naviguent, pour la plus grande facilité des communications entre le Pérou et la Bolivie.

— Et le charbon... l'amène-t-on aussi à dos de mulet ?

» Il doit, dans ce cas, coûter diablement cher la tonne.

Julien se mit à rire.

— Pourquoi ris-tu ?

— Non pas à cause de ta question parfaitement raisonnable, mais en pensant au combustible employé pour le chauffage des bateaux : combustible dont l'origine est pour le moins singulière.

» Connais-tu la *taquia* ?

— Non.

— C'est l'excrément desséché des vigognes, des moutons et des lamas.

» Voilà le combustible dont on se sert sur les hauts plateaux dépourvus de végétaux ligneux.

— Il doit en falloir des quantités considérables.

— Tu peux dire énormes, surtout comme volume, à cause du peu de densité de la matière.

— Mais, encore, faut-il de la part des animaux une certaine bonne volonté, ou du moins un personnel assez nombreux pour la récolte de ce produit, qui, d'ailleurs, peut manquer parfois.

— Tu ne crois pas si bien dire.

» Il arrive en effet que la *taquia* fait défaut.

» Ce qui fit émettre, à un plaisant, auquel on offrait un mauvais dîner, en lui disant qu'il n'y avait pas eu assez de *taquia* : « Maudit pays, où il faut que les hommes attendent, pour manger, que les bêtes aient digéré ! »

Le sifflet du *Yapoura* interrompit la conversation, et les deux amis prirent passage sur le joli vapeur, sans que Jacques manifestât la moindre émotion.

Les eaux du lac, parfois soulevées à des hau teurs considérables par les vents qui soufflent des Cordillères, étaient modérément agitées.

Mais, le vapeur, en raison de sa petitesse, tanguait et roulait fortement.

Aussi Jacques, qui naviguait pour la première fois depuis sa malheureuse tentative nautique du Havre à Caen — nous ne parlons pas du séjour d'une nuit à bord de la *Scottia* à l'ancre — commença-t-il à ressentir les effets de ce double balancement.

Il pâlit, ses tempes battirent, douloureusement comprimées... la nausée allait se manifester.

— Sacrebleu ! gronda-t-il, moitié riant, moitié fâché je n'arriverai pas à dominer ce mal stupide !

» Nous verrons bien.

Il réagit avec énergie, se donna du mouvement, évolua de droite et de gauche, autant que le lui permettait l'exiguïté du pont, fit tant et si bien, que le mal diminua.

Il eut la migraine, mais l'incident n'eut pas de suites autrement fâcheuses.

La victoire fut complète. Aussi, l'on peut s'imaginer avec quelle triomphante fierté le voyageur pédestre, l'hydrophobe endurci, débarqua le soir

au petit port de Desaguadero, en face du pont situé
sur la rivière du même nom, qui sépare le Pérou
de la Bolivie.

— Bravo ! dit Julien en lui serrant énergiquement les mains.

» Tu as décidément dépouillé le vieil homme
et victorieusement débuté dans la carrière maritime.

— Ah ! mon ami, ce n'est pas sans peine.

» Mais, aussi, pense donc quelle honte pour
moi, si j'étais retombé dans mon vieux péché, sur
cet Océan miniature et dans ce bateau-joujou.

» Il fallait à tout prix me maintenir à la hauteur
des circonstances...

— Ce qui n'est pas peu dire, quand on se trouve
à quatre mille mètres audessus du niveau de la
mer.

Après une nuit passée au village, ils firent
marché avec des Indiens qui, pour une somme
assez modique, consentirent à les prendre tous
trois, sur une de leurs *balsas*, ou radeaux de *totora*
(jonc tressé), qui descendent le Desaguadero, ou
déversoir du lac Titicaca.

Cette rivière, large, profonde et rapide, coule
du Nord au Sud-Est, et se perd dans un autre lac
appelé Aullagas.

Elle a trois cents kilomètres de long et coule

avec une vitesse atteignant presque huit kilomètres à l'heure.

Cette distance fut parcourue en deux jours et
une nuit.

Ils traversèrent ensuite le lac Aullagas du Nord-
Ouest au Sud-Est, prirent alors la voie de terre, et
arrivèrent en deux jours à Chuquisaca.

On était au 5 décembre 1879.

CHAPITRE XVIII

Jacques trouve excellente l'idée de faire marcher les chemins
à sa place. — A travers l'Amérique du Sud. — Voyage
par terre. — De Chuquisaca au Rio Tucabaca. — Le
réseau des rivières. — La frontière Brésilienne. — Au
fort Albuquerque. — Le Paraguay et le Parana. — Arrivée au Rio Jacquari-Mirim. — Réalité qui dépasse les
suppositions. — Absence du capataz. — Pourquoi Christovao était allé en France. — Jacques et son sosie. —
Dans le fumoir. — Exorde « ex abrupto ». — Jacques
veut absolument supprimer le colonel Buttler du nombre
des vivants. — Bas les armes!...

Entre Chuquisaca, située par 19° 2′ de latitude
Sud et 67° 50′ de longitude Ouest, et la fazenda de
Jacquari-Mirim, située sur la rivière du même
nom, par 49° de longitude Ouest et 21° 50′ de
latitude Sud, aux confins des deux provinces
Brésiliennes de Minas-Geraes et São Paulo, on
compte, à vol d'oiseau, dix-neuf cents kilomètres.

Cette distance s'augmentera facilement de cinq

— Vous êtes bons, vous autres, bégaya le misérable. (Page 334.)

cents kilomètres, grâce aux détours nécessités par la disposition naturelle des terrains : soit, en somme, deux mille quatre cents kilomètres à parcourir pour les deux voyageurs.

— Quand on a bon pied, bon œil et bon courage, a dit Julien, quand on est suffisamment endurci à la fatigue et largement pourvu d'argent — le nerf de la guerre et des voyages — on peut, et on doit, dans tous les pays du monde, parcourir quarante kilomètres par jour.

— C'est obligatoire, a répondu gravement Jacques.

— Nous ferons donc nos dix lieues par jour.

— Davantage si c'est possible.

— Parbleu ! dix lieues doivent être le minimum.

— Nous sommes aujourd'hui le 5 décembre, nous devons donc, en bonne arithmétique, et abstraction faite des cas de force majeure, arriver dans mon futur domaine, le 6 février 1880.

— Parfaitement.

» En accordant quinze jours à ces éventualités, nous serons rendus au plus tard le 21 du même mois.

— All Right ! comme disent nos amis les Anglais.

» A propos, tu as résolu la grave question de l'itinéraire ?

— Oui : sauf assentiment de ta part, bien entendu.

— Allons donc ! tu sais bien que j'approuve des deux mains.

— Encore, est-il au moins convenable que tu sois informé de mon projet.

— Je t'écoute.

— Étant donné que les rivières sont des chemins qui marchent, mon avis est, autant que possible, de profiter de tous les cours d'eau susceptibles de nous conduire à notre but, quand même nos serions forcés à de nombreux et parfois considérables détours.

— Je crois bien !

» Faire marcher les chemins à notre place et avancer tout de même, voilà qui est vraiment ingénieux.

— Nous sommes incomparablement favorisés sous ce rapport, puisque grâce à la configuration spéciale du réseau fluvial des pays que nous allons traverser, nous n'aurons pas même six cents kilomètres à faire par voie de terre.

— Bravo !

— Enfin, pour comble de bonheur, ce parcours de cinq cent soixante et quelques kilomètres, s'opérera dès le début, et sans interruption.

» De cette façon, une fois arrivés à la première

voie navigable, nous pourrons congédier nos hommes et nos montures, pour continuer notre voyage sur les rivières qui communiquent entre elles.

— Penses-tu prendre une escorte nombreuse ?

— Non.

» C'est un mauvais système. A moins d'emmener avec soi un véritable corps expéditionnaire, et de passer de gré ou de force.

» Sinon, les escortes nombreuses d'hommes que l'on n'a pas dans la main, mal disciplinés, et susceptibles de commettre des exactions, ne servent qu'à inquiéter et à irriter les habitants des pays que l'on traverse.

» Un groupe, composé de quelques voyageurs paisibles, peut aller partout, sans exciter de défiances, ni soulever de colères.

— Je suis absolument de ton avis.

— Je crois, d'ailleurs, être d'autant plus dans le vrai que, à une cinquantaine de lieues de Chuquisaca, nous allons pénétrer chez les Indiens Chiriguanos, une grande tribu de la famille Guarani.

» Ils sont doux, hospitaliers, cultivent la terre, et sont arrivés à un degré de civilisation fort avancé.

» Nous n'avons rien à redouter de ce côté.

» J'ai donc pensé qu'il suffisait de deux hommes, pour nous conduire et panser nos bêtes.

» Notre armement, dont nous n'aurons guère à nous servir, je l'espère, se compose de trois excellentes carabines Winchester avec les revolvers Smith et Wesson que nous a donnés sir Campbell.

» Nous avons des munitions suffisantes, des provisions abondantes : rien ne nous retient ici, partons.

— En route !

C'est ainsi qu'ils quittèrent le 6 décembre au matin Chuquisaca, la capitale de la Bolivie (1), sans même avoir visité cette jolie ville, bien qu'elle mérite, à tous égards l'attention du voyageur.

Mais, les deux amis n'ont plus qu'une pensée dominante : faire de la route, et cela prime tout le reste.

Loin de nous la pensée de les accompagner pas à pas, à travers cette vaste région dans laquelle ils se lancent avec leur intrépidité habituelle.

Cette évolution à leur suite a d'autant moins sa

---

(1) Depuis quelques années, Chuquisaca n'est plus capitale. C'est La Paz qui a hérité de ce titre.

raison d'être que, à part le petit contingent quotidien de kilomètres parcourus, les journées s'écoulent avec une banalité qui ne se dément pas.

Le matin, on marche depuis l'aube jusqu'à dix heures. De dix heures à deux heures, halte pour le déjeuner et la sieste. De deux heures à la chute du jour, la marche recommence.

Puis, on se met en quête d'un gîte et d'un souper, afin de ne toucher qu'au dernier moment à la réserve des provisions.

On trouve généralement une estancia, ou un groupe de cabanes indiennes; parfois même un village.

Parfois aussi, mais rarement, on couche à la belle étoile. Ce qui n'est pas toujours gai dans la saison des pluies.

Les hamacs sont alors accrochés entre deux arbres, la toile caoutchoutée que l'on porte roulée derrière la selle est dépliée, puis, assujettie avec quatre ficelles en guise de toiture au-dessus du hamac, et l'on possède un abri excellent, sous lequel on brave les légendaires averses des tropiques.

C'est ainsi que, après avoir quitté Chuquisaca, ils atteignirent successivement les petites villes de Tacopaya et de Pescada, puis les villages d'Aquio et de Zaypura.

Ils étaient alors en plein pays Chiriguano, dont les habitants étaient bien tels qu'on les avait dépeints à Julien. Ils arrivèrent, le neuvième jour, au bord des marais formés par le rio Parapiti, traversèrent cette zone dangereuse guidés par un Indien qui les conduisit à travers des passages connus de ses seuls compatriotes, et atteignirent le douzième jour le village de Rotija sur le rio Tucubaca.

Le voyage par terre était pour le moment terminé.

Leur moyenne avait été un peu supérieure à quarante kilomètres par jour, puisque, dans cette période de onze jours, ils avaient parcouru les cinq cent soixante-quinze kilomètres séparant Chuquisaca du premier affluent navigable qu'ils devaient trouver.

A Rotija, ils s'abouchèrent avec des Indiens Chiquitos, de braves gens très gais, très doux et très hospitaliers, qui consentirent à les conduire, sur leurs *balsas* de joncs, jusqu'à l'ancienne mission d'Olidera, en suivant le cours du Rio Tucubaca, un affluent du São Lorenzo.

C'est là surtout que leur fidèle Esteban leur rendit de grands services, grâce à sa parfaite connaissance de la *lingoa geral* (langue générale), une espèce de *sabir* sud-américain parlé par la plupart des populations indiennes, surtout par les Guaranis.

Cette traversée de trois cents kilomètres s'opéra en moins de six jours, sans fatigue aucune pour les sauvages mariniers, qui avaient seulement à guider leurs primitifs esquifs emportés par le courant.

Ils quittèrent à Olidera le rio Tucubaca, franchirent par terre cinquante kilomètres, avec les Indiens qui se tranformèrent volontiers en porteurs, et les conduisirent à Curumba, le premier village brésilien qu'ils rencontrèrent. Curumba est situé sur le Rio Sâo-Lorenzo, par 60° de longitude Ouest.

Dix-sept jours leur avaient donc suffi pour venir de Chuquisaca à la frontière du Brésil.

Ils apprirent d'un estanciero qu'ils pourraient se ravitailler au fort Albuquerque, situé à soixante kilomètres au Sud, au confluent du rio Sâo Lorenzo et de rio Aquidahouana, dont la réunion forme le Paraguay.

De nouvelles *balsas* les conduisirent à la forteresse brésilienne, où ils trouvèrent une garnison dont le chef leur offrit l'hospitalité la plus abondante et la plus cordiale.

Et comme ils s'étonnaient, à bon droit, de ce confort offrant un contraste aussi frappant avec l'absolue sauvagerie de la région, le commandant leur expliqua que le fort Albuquerque en était redevable à la proximité relative de Cuyaba.

Proximité bien relative en effet, puisque Cuyaba se trouve à près de cinq cents kilomètres.

Capitale de la province de Matto-Grosso, cette ville, dont la population atteint le chiffre considérable de trente mille habitants (1), présente le singulier phénomène politique d'un centre commercial très actif, bien que située à quatre cents lieues du port le plus proche, et ne communiquant avec la côte que par des caravanes employant près de dix mois à leur voyage d'aller et retour.

Cependant, le rio Cuyaba est navigable depuis la ville, pour les petits bateaux à vapeur ou les canonnières. Aussi le gouvernement brésilien a-t-il installé un de ses petits arsenaux à Cuyaba.

Le bonheur qui, après tant de traverses, favorisait cette dernière partie de leur interminable voyage, ne se démentit pas.

Le commandant du fort Albuquerque allait expédier le lendemain le courrier qui, tous les mois, emporte à Rio-de-Janeiro les dépêches et

(1) Située par 15°30' de latitude Sud et 58°24' de longitude Ouest, sur la rive droite du rio Cuyaba, tributaire de l'Paraguay par le rio São Lorenzo.

la production d'or du district minier de Cuyaba.

Ce convoi, eu égard à la valeur qu'il représente, est escorté de vingt soldats conduits par un officier.

Il remonte dans une chaloupe à vapeur le rio Aquidahouana jusqu'au sitio de São João, situé près de la source du rio.

Les convoyeurs abandonnent alors leur embarcation et prennent, pendant quarante kilomètres, la voie de terre, quittent le bassin du Paraguay, et pénètrent dans celui du Paraña, après avoir franchi des montagnes peu importantes formant la ligne du partage des eaux.

Ils arrivent à Porto Caxoeira (1), sur le rio Anhanduy-Uassu, où les attend une nouvelle chaloupe.

Cette chaloupe descend le rio Anhanduy-Uassu jusqu'au Paraña, remonte le Paraña du Sud au Nord et s'engage dans la bouche principale connue sous le nom de Rio-Grande, qui prend sa source à la serra do Espinhaço.

Elle abandonne le Rio-Grande, pénètre dans le rio Pardo, et remonte ce dernier jusqu'à

---

(1) Un grand nombre de localités portent au Brésil ce nom de *Caxoeira*, ou plutôt *Chachoeira*, signifiant *cascade, rapide.*

Mugy-Uassu où commence le chemin de fer qui conduit à Rio-de-Janeiro par São Paulo.

Or, à cinquante-cinq kilomètres de Mugy-Uassu, le Rio Pardo, reçoit, à droite, la rivière Jacquari-Mirim !

Du fort Albuquerque, on compte environ treize cent cinquante kilomètres, pour atteindre le confluent du rio Pardo et du rio Jacquari-Mirim. Grâce à l'obligeance du commandant, qui offrit à Jacques, à Julien et à leur serviteur le passage à bord de la chaloupe du gouvernement, cette traversée n'était plus qu'un jeu.

Pendant la saison sèche, le voyage eût été fréquemment interrompu par les chutes et les rapides qui coupent fréquemment les cours d'eau brésiliens.

Mais les énormes averses équinoxales avaient depuis longtemps nivelé les voies liquides, au point de les rendre praticables, sauf en certains points assez peu nombreux, où sont installés des *portages* analogues à ceux des rivières canadiennes.

Aussi, un mois après leur départ de la forteresse, ils arrivaient sans encombre à la rivière qui donne son nom à la fazenda de Jacquari-Mirim et se préparaient, avec leur vaillance habituelle, à la lutte qui allait couronner cette gigantesque entreprise.

Au bout de deux jours, ils abordaient à deux kilomètres de la fazenda, avec une avance de treize jours sur leurs présomptions.

. . . .

L'opulent établissement offre l'aspect d'une fourmilière en plein travail. Une fourmilière immen où évoluent bruyants, affairés, des groupes de noirs, de Peaux-Rouges et de curibocas (métis de nègres et d'Indiens), que traversent des files de Chinois taciturnes, trottant menu, chargés de ballots volumineux.

Aussi loin que la vue peut s'étendre, se profilent de vastes hangars, — *galpones* — aux murailles de bambous, recouverts de feuilles de waïe, d'une belle nuance maïs, sous lesquels s'entassent les ballots, amenés de l'intérieur par un chemin de fer Decauville.

Cette première ligne est coupée au centre par une superbe avenue de palmistes, aux troncs grêles, rigides comme des barres de métal, entre lesquels s'épanouissent, avec toute l'exubérance de la flore tropicale, d'énormes bananiers pliant sous leurs régimes.

A droite et à gauche de l'avenue, deux nouvelles rangées de *galpones* renfermant, ceux-là, des milliers de boucauts remplis de sucre brut prêt à être raffiné.

Plus loin encore, et toujours perpendiculairement à l'avenue de palmistes et de bananiers, des centaines de cases proprettes — sans doute les logements des ouvriers, — s'élèvent au milieu de jardinets couverts de fleurs, où piaille et cabriole une marmaille joyeuse, sans souci du soleil qui calcine les épidermes multicolores.

Derrière les cases, trois cheminées d'usine dévident lentement de longs flocons de fumée, pendant que grondent, mugissent, hurlent, glapissent, les multiples organismes de métal dont l'action, savamment combinée, transforme sans relâche les produits élaborés par la terre.

Enfin, une habitation immense, un véritable palais bâti à l'européenne, mais adapté aux exigences du climat, se dresse, sur une légère éminence, d'où l'œil embrasse, d'un seul regard, tous les points de cette cité industrielle.

Quelque peu impressionnables que soient Jacques et Julien, quelque préparés qu'ils soient à l'attente de véritables merveilles, la réalité dépasse tellement leurs prévisions, que les mots leur manquent tout d'abord pour traduire leurs impressions.

Puis, aussi, le souvenir des fatigues, des souf-

frances et des angoisses passées, le regard jeté
en arrière sur cette interminable course à travers
les neiges sibériennes, les déserts gelés de l'Alaska,
les forêts inhospitalières de la Colombie, les plaines
brûlantes du Mexique, les rivages fiévreux du Pacifique, les Cordillères redoutables, les pampas infinies, la pensée de ce formidable tour de force
accompli, la vue du but atteint, tous ces souve-
nirs douloureux parfois, et toujours chers, ajoutent encore à cette émotion, dont ils ne songent
d'ailleurs, ni l'un ni l'autre à se défendre.

L'intervention d'un tiers les tira comme d'un
songe. Un *mamaluca* — métis d'Indien et de Por-
tugais — vêtu à l'européenne, — chamarré de
chaînes et de bijoux, portant des bagues à tous
les doigts, s'avança à leur rencontre d'un air im-
posant, en se carrant sous son parasol.

Reconnaissant aussitôt des Européens, ses
traits hautains s'adoucirent soudain. Il se découvrit poliment, et leur offrit de les conduire à l'habitation.

— C'est vous qui êtes le capataz? demanda
Jacques.

— Non, Excellence. Le senhor Christovao est
en voyage, et c'est moi qui le remplace.

» Mais, le maître est là...

— Le maître!... dites-vous?

» Ne sommes-nous pas à la Fazenda (1) de Jacquari-Mirim, appartenant jadis à un Français, nommé Léonard Voisiu ?

— Oui, Excellence...

— Qui a légué à son neveu tout ce qu'il possédait.

— Oui, Excellence... et c'est cet héritage qui a causé le voyage du capataz le senhor Christovao.

— Comment cela ?

— Voici : Son Excellence, notre maître, don Léonardo, avait laissé une lettre que le capataz devait ouvrir une année après sa mort, au cas où l'héritier ne se serait pas présenté.

» En l'absence de l'héritier, cette lettre fut ouverte à jour dit.

» Elle enjoignait au capataz de s'embarquer aussitôt pour la France et de rechercher le neveu du maître...

» Le senhor Christovao est parti au mois de septembre dernier.

— Mais, nous sommes au 24 janvier 1880...

— Aussi, l'attendons-nous d'heure en heure.

» Or, voici que, pendant son voyage, le neveu

____

(1) On emploie indifféremment le mot de Fazenda et d'Hacienda.

du maître, don Jayme Arnaud est venu ici, pour prendre possession, il y a trois semaines.

» Comme il était porteur du testament, qu'il était parfaitement en règle avec les représentants de son pays et l'autorité brésillienne, comme enfin, il s'était fait accompagner d'un procurador impériale, il a été reconnu comme légitime propriétaire.

— Ah! très bien, répondit froidement Jacques.

» Faites-nous donc conduire près de lui.

— Je me ferai un honneur de guider moi-même Vos Excellences.

Le sosie de Jacques faisait sa sieste, dans un superbe fumoir ouvert du côté de la brise.

Il descendit lestement de son hamac, et s'avança au devant du groupe.

— Eh ! bien, colonel Buttler, s'écria d'une voix stridente Jacques incapable de se contenir plus longtemps, il faut donc que je vous trouve partout sur ma route...

» Ah! coquin, vous ne l'échapperez pas aujourd'hui, et vous nous paierez en bloc toutes les angoisses que vous nous avez fait endurer.

L'Américain, un moment interdit à l'aspect des deux Français qu'il croyait enfouis à jamais dans la léproserie de Burro, reprit aussitôt son sang-froid.

C'était un homme rudement taillé, que cet Yankee sec et bilieux, et dont l'énergie première s'était singulièrement trempée aux luttes de la vie à outrance.

— Je ne comprends pas, répondit-il, feignant de ne pas le reconnaître, de quel droit vous osez vous présenter ainsi chez moi, l'injure à la bouche...

» Et vous Miguel, comment introduisez-vous ici des étrangers armés comme des bandits?...

— Mais, Excellence...

— Assez ! Je vous chasse d'ici.

— Et moi, interrompit Jacques avec infiniment d'à-propos, je vous prends à mon service : vous n'y perdrez pas.

» Quant à vous, monsieur l'Yankee, que j'ai connu voleur et assassin, et que je retrouve faussaire, je me suis juré, à la première rencontre, de vous tuer comme une bête malfaisante...

» Ce serment, je l'ai proféré au milieu du cercle hideux des lépreux...

» Le moment est venu de le tenir.

» Ma conscience sera bien tranquille, quand je vous aurai supprimé du nombre des vivants; et quand les autorités du pays sauront ce que vous êtes, il me sera facile de faire ma paix avec elles.

— A moi ! hurla l'Yankee sérieusement effrayé, en voyant Jacques, devenu livide, armer sa carabine.

On entendit dans l'habitation des cris et des pas précipités, puis le galop furieux d'un cheval devant la façade.

Le galop s'arrêta soudain, et un cavalier, s'élançant de sa selle, escalada d'un bond le perron, pénétra dans le fumoir, envisagea la scène, et s'écria d'une voix retentissante :

— Bas les armes !...

» Je représente le maître.

» C'est moi le capataz Christovao.

CHAPITRE XIX

Les deux compétiteurs. — Réapparition du capitaine Bob.
— Un soufflet bruyant. — Le colonel Buttler voit ses
affaires s'embrouiller. — Interroger le mort!... — Le
dernier atout d'un bandit. — Une bicoque. — L'habitation de Montlouis. — Touchant souvenir. — Ressem-
blance frappante. — A mort!... — Attaque imprévue.
— Quatre coups de feu. — Ceux qu'on n'attendait pas.
— Alexis et les Canadiens. — Compassion. — A boire.
— Agonie d'un misérable. — Repentir et pardon.

Le capataz, l'homme de confiance du défunt
fazendero, l'exécuteur testamentaire de l'oncle
de Jacques, arrivait à l'instant réellement psycho-
logique.

Il eut à l'aspect de Jacques — du véritable —
un mouvement de surprise joyeuse.

— C'est vous qui êtes le neveu de mon maître...
monsieur Jacques Arnaud?

— C'est moi, répondit gravement Jacques dont
la fureur était soudain tombée.

— N'en croyez rien! riposta l'Américain rassuré par la présence des serviteurs qui se pressaient curieusement à toutes les ouvertures.

» C'est un aventurier que nul ne connaît ici... un bandit ou un fou.

» Et vous, capataz, reconnaissez en moi l'héritier direct et légitime, ainsi qu'en fait foi le testament de mon oncle... et la prise de possession opérée devant les autorités du pays.

— Je veux bien le croire, monsieur, quoique votre façon de prononcer le français soit au moins singulière, de la part d'un riverain de la Loire.

— Silence, valet! riposta rudement l'Américain.

» Vous êtes ici pour obéir à mes ordres, et non pour en discuter l'accent.

Le capataz pâlit, et ses yeux noirs eurent un regard fulgurant.

— Je suis homme libre, descendant d'Européen, répliqua-t-il avec dignité, et je vous le montrerai tout à l'heure.

» Pour l'instant, je représente ici celui qui n'est plus.

» ... Celui seul dont je fus le serviteur, qui m'honora de son amitié, et dont je saurai faire respecter les dernières volontés.

— Silence! encore une fois...

» Je suis seul maître ici... sortez! ou je vous fais tous jeter dehors.

En ce moment, un pas pesant ébranla le parquet sonore, la porte du fond s'ouvrit brusquement, et un géant, vêtu d'une mauresque, apparut tête nue, le col débraillé.

— La peste vous étouffe... Cy... Jacques...

» On ne peut seulement pas dormir une heure tranquille !

» Vous faites un vacarme à couvrir la voix des singes hurleurs.

Puis, apercevant soudain Jacques et Julien, il demeura un instant abasourdi, incapable de proférer un mot.

Julien s'avança jusqu'à le toucher.

— Dites donc, capitaine Bob, puisque votre digne associé, le sieur Buttler, prétend s'appeler Jacques Arnaud, il est probable que, de votre côté, vous vous êtes mis dans ma peau...

— ... Dans votre peau!... reprit le géant toujours interloqué...

» Dans votre peau... Je vais vous la crever, votre peau.

— Comme cette expression sent son gentilhomme! répondit imperturbablement Julien.

» Mais, n'importe, je continue : Et que vous vous appelez ici le comte de Clénay, n'est-ce pas ?

— C'est vrai! beugla le géant... il n'y a ici qu'un comte de Clénay... C'est moi! et celui qui prétendrait le contraire, ne serait qu'un vil imposteur.

A peine eut-il le temps d'achever, que la main de Julien s'abattait sur sa figure avec un claquement retentissant.

— Pillez-moi... rançonnez-moi... assassinez-moi... jetez-moi dans l'immonde cloaque où pourrissent les lépreux !...

» Faites de moi tout ce que vous voudrez... ou plutôt tout ce que vous pourrez... mais, ne déshonorez pas mon nom, entendez-vous, coquin !

» Sinon, je vous casserai la tête comme à un chien enragé.

— Ah! vous me paierez cela tout à l'heure, rugit le bandit.

— C'est entendu, je vous paierai cela, et bien d'autres choses encore.

— Mais, enfin, qu'est-ce que tout cela signifie?

» Quels sont ces énergumènes qui élèvent la voix, et nous insultent chez nous !

— Il y a, répondit le colonel Buttler, que l'on veut nous déposséder de nos propriétés...

— Qui?

— Ces deux aventuriers.

— Eh! pardieu ! on les jette dehors...

» Il y a du monde, ici, et nous sommes en force.

— Il ne s'agit pas de force, messieurs, mais de droit, entendez-vous, reprit le capataz.

» La succession de feu mon vénéré maître est chose importante, pour que l'on sache où elle va, et à qui elle va.

— Que voulez-vous dire ? demanda le colonel, toujours hautain, mais avec une légère nuance d'inquiétude.

— Qu'il reste une dernière épreuve à subir... une épreuve décisive, dont monsieur sortira, je n'en doute pas, à son honneur, fit-il en désignant Jacques qu'il dévorait toujours du regard.

— Soit ! reprit l'Yankee... Je me conforme à toutes ces exigences pour le moins singulières, dans l'intérêt de la vérité, pour notre sécurité future, et pour la confusion de ces imposteurs.

» Que voulez-vous faire ?

— Interroger le mort !...

— Quelle est cette plaisanterie funèbre ?...

— Je ne plaisante jamais quand il s'agit de l'homme qui m'aima comme son fils, et dont le souvenir m'est sacré comme celui d'un père.

— Vous invoquez l'autorité d'une personnalité dont la mémoire m'est également chère, et dont les volontés posthumes seront respectées.

» Faites comme il vous plaira.

— Veuillez donc m'accompagner au bord de la rivière, à cinq cents mètres à peine.

— Bien volontiers, répondit Buttler de plus en plus inquiet, sentant que l'audace elle-même ne suffisait plus.

Puis, il entraîna vivement le capitaine Bob dans un coin et lui jeta quelques mots rapides.

— Vos lascars sont là ?

— Oui... tous... mais, ivres comme toujours.

— Tant mieux ! la besogne en sera meilleure.

» Armez-les jusqu'aux dents... suivez-nous à la dérobée... puis, à mon signal, massacrez-moi ces trois hommes.

» Il faut qu'ils disparaissent... qu'on n'en trouve plus traces, sinon nous sommes perdus.

» Allez ! tout dépend de vous.

» Ce capataz de malheur ne se serait peut-être douté de rien, s'il n'avait pas vu ces Français maudits.

» Mais, à la façon dont il regarde le vrai Arnaud, je crois qu'il flaire la vérité.

— C'est entendu. Comptez sur moi et mes lascars.

— Et maintenant, reprit Buttler, partons.

— Suivez-nous, Miguel, avec un de vos camarades, fit à son tour le capataz, vous serez témoins de ce qui va se passer.

Les cinq hommes se mirent en marche en formant deux groupes. Le premier composé de Jacques, de Julien et du capataz, le second du colonel flanqué des deux serviteurs.

Ils marchèrent rapidement pendant quelques minutes, en suivant une avenue en pente douce, qui se perdait peu à peu au milieu de bosquets embaumés où s'épanouissaient les splendides végétaux des tropiques.

Puis, la rivière apparut soudain, coulant au bas d'un coteau gazonné, presque nu, parsemé de maigres buissons, et sur lequel une jolie maisonnette, bâtie à l'européenne, se dressait avec ses volets verts, sa tonnelle de chèvrefeuille, ses tuiles, son pigeonnier, son puits à poulie.

Une émotion indescriptible, bientôt partagée par Julien, agita Jacques Arnaud qui ne put retenir, à cette vue, un cri de stupéfaction et d'attendrissement.

— Silence! Je vous en supplie, dans votre intérêt, fit à voix basse le capataz.

» Eh! bien, monsieur, continua-t-il en s'adressant à l'Américain, que pensez-vous de cette maison?

— Que c'est une bicoque dont je ne donnerais pas cinq cents dollars... et que je ne m'explique guère la fantaisie de celui qui l'a fait édifier.

— Et... elle ne vous rappelle rien ?

— Aujourd'hui, non.

» Mais, demain, elle me rappellera une corvée ennuyeuse, et je m'empresserai de la faire jeter à bas.

— Jeter cette maison par terre ! interrompit Julien indigné.

» Cette maison, que l'on prendrait pour celle où furent élevés, au bord de la Loire, à Montlouis, ma mère et mon oncle... où s'écoula mon enfance heureuse...

— Où je passai les meilleurs moments de ma vie ! dit Julien attendri.

— Et que mon oncle a fait bâtir ici, dans un site rappelant notre coteau, au bord d'une rivière capricieuse comme la Loire, dans des proportions et avec des matériaux identiques, pour avoir toujours sous les yeux le souvenir de la patrie et la famille...

— Et pour y dormir l'éternel sommeil, interrompit le capataz d'une voix altérée.

» C'est là qu'il repose, sous les fleurs, hélas ! bien négligées depuis mon départ...

» Lui qui aimait tant les fleurs d'Europe !

— D'où vous concluez?... interrompit brutalement l'Américain.

— Moi... je ne conclus rien.

» Je constate simplement, que pour le neveu de M. Léonard Voisin, né à Monlouis, département d'Indre-et-Loire, en France, dans une maison rappelant absolument celle-ci, vous ne connaissez ni l'Indre-et-Loire, ni Monlouis, ni la maison.

» Je constate également que, en dépit des termes de la lettre écrite par celui dont vous prétendez être l'héritier, vous avez singulièrement délaissé sa tombe.

» Mais, ce n'est pas tout.

» Il y a dans cette petite maison, un portrait en pied de feu mon maître.

» Ce portrait, peint par un grand artiste, à l'âge qu'aurait à peu près monsieur aujourd'hui — il désigna Jacques — lui ressemble tellement que l'on dirait sa propre image.

— C'est là ce que vous appelez interroger le mort? dit ironiquement l'Américain.

— C'est là ce que j'appelle interroger le mort...

» Et jamais réponse ne sera plus éloquente, car, quelle que soit votre impudence, vous-même ne pourrez plus soutenir votre imposture.

On entendit quelques froissements rapides dans l'épaisse broussaille.

— Et moi, je vous déclare que tout cela m'est parfaitement égal... car je connais en ce moment des personnages indiscrets qui ne parleront plus, ni vivants ni morts...

Puis, il s'écria d'une voix éclatante :

— A moi, Bob !... A moi les marins !...

» Tuez-moi tout cela... A mort !... à mort !

Des buissons éventrés, bondirent, conduits par le pirate, une dizaine de sacripants, qui se ruèrent comme des furieux sur les quatre hommes, dont deux étaient sans armes.

L'attaque fût si soudaine, qu'ils n'eurent même pas le temps de se mettre en défense. Pour comble de malheur, Jacques fit un faux pas, lâcha sa carabine et roula aux pieds du capitaine Bob qui leva sur lui son bras d'athlète, armé du redoutable bowie-knife.

Julien, de son côté, se débattait désespérément, enserré entre quatre hommes.

Ils étaient perdus, quand du côté de la maison, quatre flocons de fumée surgirent à travers les buissons, et quatre détonations aiguës retentirent.

Le capitaine Bob, frappé d'une balle entre les deux yeux, s'abattait lourdement sur Jacques.

En même temps, le colonel Buttler, faisait quatre pas en titubant, tombait sur les genoux, et essayait de comprimer, avec sa main rougie, le sang qui jaillissait à flots de sa poitrine.

Deux des pirates qui enserraient Julien, s'écroulaient en croix l'un sur l'autre.

Puis, une voix de tonnerre s'écria en français :

— Il y a trois semaines que nous vous épions, brigands !

Et un colosse surgit à son tour du bois, suivi de deux autres géants, précédant eux-mêmes un quatrième personnage qui ne pouvait les suivre.

— Faut recharger, mes petits gars.

» Petit-André, rappelle-toi le grizzly.

Ils arrivaient comme une trombe au milieu des pirates atterrés de cette attaque, et désorientés par la mort de leurs chefs.

— Bas les armes !... vermines, cria le colosse de sa voix formidable, ou vous allez voir ce que valent quatre bons rifles canadiens.

— Perrot !... s'écria Julien au comble de la stupéfaction, et en s'élançant vers l'excellent homme.

— Pour vous servir, monsieur et de tout cœur, allez...

— ...Et Alexis, fit-il en reconnaissant le jeune Russe qui accourait haletant.

— Monsieur Jacques n'est pas blessé, fit Perrot.

» J'en suis sûr... j'ai tiré au bon moment et à la *bonne endroit.*

» C'est ce pourceau de l'Illinois qui l'écrase.

» Ah! carne.

Saisissant à ces mots le cadavre du capitaine par un pied, il l'enleva d'une seule main et le culbuta au milieu du chemin.

Jacques, soustrait à ce poids qui l'étouffait, jeta un cri en reconnaissant Perrot, et se précipita dans ses bras.

— Ah! mon brave Perrot, encore une fois sauvé par vous.

— Toujours, monsieur... ça, voyez-vous, c'est la moindre des choses.

» Eh! Eustache, eh! Petit-André, les vermines ont déposé les armes ?

— Oui, frère.

— Bon.

» Eh ben, v'nez donc dire bonjour à ces messieurs, à présent que la plus grosse besogne est faite.

Un gémissement plaintif, échappé soudain au colonel, interrompit aussitôt les premiers épanchements.

— On voit ben que c'est pas moi qu'a tiré sur celui-là, grogna Perrot.

» C'est M. Alexis. Enfin, il a fait pour le mieux.

Puis, il ajouta, avec un singulier accent de compassion :

— Pauv' diable! c'était un fin gredin tout de

même, eh ! ben, ça me chavire de le voir peiner
comme ça.

» Eh ! monsieur... monsieur... C'est moi, Perrot
Joseph, y aurait-il à faire quéque chose pour
vous...

— A boire !... râla le blessé d'une voix éteinte

Perrot s'élança vers la rivière, pendant que
Jacques et Julien soulevaient le blessé et l'ados-
saient à un arbre.

Le misérable eut un étrange sourire, où
l'ironie se mêlait à l'attendrissement, en recevant
ces soins de deux hommes qui avaient tant de
motifs pour le haïr mortellement.

— Vous êtes bons, vous autres, bégaya-t-il.

» Moi, je n'ai jamais eu le temps.

— Ne parlez pas, lui dit doucement Julien, vous
vous épuisez.

— Bah ! mon compte est réglé.

» Je ne l'ai pas volé.

» Cela me change... de n'avoir pas volé... quelque chose.

» A boire !...

Perrot revenait avec sa tasse de cuir emplie à la
rivière.

— Tenez, monsieur, et sans rancune.

Le blessé but avidement.

— Merci! dit-il sans retirer sa main qui comprimait sa poitrine.

» Et Bob?

— Il est mort.

— Tant pis. J'allais vous demander grâce pour lui.

» Et maintenant, il ne m'en coûte pas de confesser mon imposture devant le capataz.

» Oui, j'ai menti.

» Vous ferez bon usage de cette fortune qui vous appartient légitimement.

» ...Il me semble que cet aveu m'a soulagé.

» ...Est-ce que l'humanité serait moins mauvaise que je ne l'ai cru jusqu'à présent?

» Monsieur de Clénay!... monsieur Arnaud!...

» Ma vie s'en va.

» Je ne crains pas la mort, mais si vous me disiez que vous ne me conservez pas de haine pour cette infamie... dans la léproserie... c'était indigne... n'est-ce pas?... cela m'aiderait à mourir.

— En mon nom, et au nom de mon ami Jacques, je vous pardonne, répondit gravement Julien.

— Merci! soupira le blessé qui demeura tout à

coup sans souffle, les yeux immobiles, la bouche ouverte.

— C'est fini, murmura Perrot.

— Qu'il repose en paix! dit Jacques en se découvrant.

CHAPITRE XX

Mystère expliqué. — Les mineurs du Caribou. — Pourquoi Alexis Bogdanoff et les frères Perrot se trouvaient à Jacquari-Mirim. — Surveillance active. — Epanchements. — Tout arrive. — Les millions de l'héritier. — Un ami de plus. — Vie nouvelle. — Projets de retour. — Départ pour l'Europe. — Jacques affronte gaiement l'Océan. — Le mal de mer remplacé par un appétit de requin. — Pendant la tempête. — Débarquement au Havre. — Après deux ans d'absence. — Le 15 septembre. — Dîner au café Anglais. — Arrivée qui ressemble au départ. Épilogue.

Quelque imprévue que fût l'arrivée des trois Canadiens et du jeune Russe sur le lieu du guet-apens, elle n'avait rien d'invraisemblable, ni même d'extraordinaire.

On se rappelle les lettres écrites par Perrot et Alexis, lettres que reçurent à Quito Jacques et Julien, et dans lesquelles les mineurs du Caribou annonçaient leur intention formelle de venir passer tous quatre la saison d'hiver à Jacquari-Mirim.

Quand les froids eurent rendu impossibles les travaux de l'exploitation aurifère, ils résolurent de mettre leur projet à exécution, quittèrent la Colombie anglaise, et vinrent prendre, à New-Westminster, le premier navire en partance pour San-Francisco.

A San-Francisco, ils s'embarquèrent pour Rio-de-Janeiro sur le paquebot américain qui dessert toute la côte occidentale des États de l'Union, ainsi que celle du Mexique, fait escale à tous les ports de cette même côte occidentale de l'Amérique du Sud, franchit le détroit de Magellan, et remonte à la capitale de l'empire Brésilien.

Ce paquebot s'arrêta tout naturellement à Sala-verry, le port de Trujillo, et jugez de la stupeur de Perrot, en voyant le colonel Buttler et son âme damnée, le capitaine Bob, se préparer à prendre passage sur le steamer.

Soupçonnant, avec son flair de vieux trappeur, quelque nouvelle diablerie, le Canadien résolut de se dissimuler aux yeux de l'Américain. Chose plus facile qu'on ne serait tenté de le croire, à bord de ces immenses navires, qui forment comme un monde.

Alexis, ainsi qu'Eustache et Petit-André étant inconnus au gredin, il n'était pas besoin de leur imposer cette claustration à laquelle se soumettait Perrot, et qui ne devait pas laisser de devenir pénible, à la longue.

Perrot était d'autant plus intrigué, qu'Alexis apprit, le jour même, du commissaire du bord, que la destination des deux hommes était Rio-de-Janeiro.

— Que diable vont donc faire au Brésil ces deux gibiers de potence? ne cessait de se demander Perrot de plus en plus perplexe.

» Qui sait! Peut-être vont-ils dresser un guet-apens à MM. Arnaud et de Clénay, au moment où ceux-ci arriveront au terme de leur voyage.

Mais, le digne homme fut sérieusement alarmé, quand Alexis vint lui révéler, au bout de deux jours, cette particularité plus que suspecte, à savoir que les deux nouveaux passagers se faisaient appeler à bord, MM. Arnaud et de Clénay.

Comme on dit vulgairement, tout le sang de Perrot ne fit qu'un tour.

Il tint conseil avec Alexis et ses deux frères, et tous quatre décidèrent que les Yankees, en l'absence de nouveaux renseignements, seraient soumis à une surveillance incessante.

Peine perdue, d'ailleurs, car les sacripants se

tenant sur leurs gardes, s'observèrent avec un soin tout particulier, et pontifièrent avec tant d'aplomb, qu'ils réussirent à en imposer aux autres passagers du bord.

Ils se contentèrent de quelques discrètes allusions à un héritage énorme que M. Arnaud allait recueillir au Brésil, sans préciser davantage et en laissant planer sur leur entreprise un certain mystère qui arrêtait les indiscrétions.

Comme ils se tenaient volontiers à part, on ne s'occupa plus d'eux; sauf, bien entendu, les intéressés.

D'induction en induction, Alexis et les frères Perrot en étaient arrivés à supposer que le faux héritier et son compagnon, connaissant toutes les particularités du voyage par terre de Jacques et de Julien, avaient résolu de les gagner de vitesse, en prenant la voie maritime, d'arriver à Jacquari-Mirim avant eux, d'en imposer, par quelque manœuvre audacieuse, à l'exécuteur testamentaire, de s'introduire dans la place, ne fût-ce que quelques jours, pour réaliser la fortune liquide, et disparaître une fois le coup exécuté.

En l'absence de toutes nouvelles, cette idée était parfaitement rationnelle et les quatre hommes étaient bien loin de soupçonner l'horrible séquestration dans la léproserie de Burro, qui, dans l'esprit des bandits, devait rendre définitive cette substitution de personnes.

On débarqua à Rio-de-Janeiro après une traversée de quarante jours. Traversée interminable, surtout pour Perrot qui, confiné dans sa cabine, envoya au diable, plusieurs centaines de fois par jour, ses bourreaux inconscients.

Ils réussirent à apprendre que les deux hommes poussaient bien réellement l'audace jusqu'à se prévaloir, devant les autorités, de la possession du titre devant amener l'entrée en jouissance de l'opulente succession.

Cette formalité s'opéra comme l'on sait, et les bandits s'installèrent, sans plus de façon, à Jacquari-Mirim.

Alexis et les frères Perrot résolurent alors de continuer leur système de surveillance, jusqu'au moment où Jacques et Julien arriveraient à leur tour.

Ce moment ne pouvait être éloigné, même en tenant compte des incidents susceptibles d'entraver leur marche.

Ils s'installèrent donc en plein bois, vécurent de la vie sauvage, cachés à tous les regards, voyant sans être vus, après avoir établi leur quartier général près de la maisonnette européenne, que nul n'approchait, et d'où l'on découvrait non seulement toute la propriété, mais encore, chose essentielle, l'unique point de débarquement.

C'était le parti le plus sage, en attendant leurs amis, dont l'apparition amènerait indubitablement un conflit avec les voleurs. D'autant plus que l'intervention soudaine des quatre compagnons serait un rude appoint au moment opportun.

On a vu comment leurs prévisions furent réalisées, comment aussi leur intelligente initiative empêcha un irréparable désastre.

. . . .

Nous laissons à penser au lecteur quelle effusion succéda à ce coup de théâtre comme en inventent parfois les dramaturges, et comme plus souvent encore en improvise la réalité.

Une fois de plus, l'aphorisme favori de Jacques Arnaud, ce fameux aphorisme dont il avait fait sa devise, trouvait son application : *Tout arrive!*...

Devant les aveux du colonel Buttler expirant, l'installation de Jacques à Jacquari-Mirim ne souffrit aucune difficulté.

Le capataz Christovao lui remit, avec tous les titres de propriété, ses comptes de gestion, tenus avec un ordre qui eût fait l'admiration de nos plus fins comptables.

Jacques se trouva donc millionnaire... mais

millionnaire à ne savoir que faire de cette fortune monumentale jusqu'à l'exagération.

Cette folle profusion de richesses ne modifia en rien sa manière d'être. De goûts simples, ennemi du faste, détestant le brouhaha des foules, il s'installa, dès le lendemain, dans la petite maisonnette qui lui rappelait celle des bords de la Loire et dont il offrit, comme jadis, la moitié à Julien.

C'était là que son oncle avait passé ses meilleurs moments, et où il avait rendu le dernier soupir ; c'était là que reposait sa dépouille mortelle... toutes conditions essentielles pour que Jacques en fît son lieu d'élection.

Inutile de dire que le capataz Christovao continua, comme par le passé, à être le *Deus ex machinâ* non seulement de Jacquari-Mirim, mais encore des autres exploitations.

L'ancien maître l'aimait comme un fils — on a vu combien il était digne de cette affection — le nouveau lui tendit fraternellement la main et lui dit : « Vous êtes toujours de la famille. »

L'excellent homme n'en demandait pas plus.

Puis, après tant de traverses, les jours se succédèrent, exempts de tout cahot physique, de toute angoisse morale, avec ce calme qui, peu à peu, atténue le souvenir des misères passées, nivelle en quelque sorte les hauts et les bas de la vie, au

point que l'homme se dit : « Est-ce bien moi, qui
me trouvais là-bas, tel jour... dans telles circonstances?

Ce fut une nouvelle adaptation à une vie char-
mante, pleine de soleil et de grand air, à laquelle
ne manquaient ni les grandes chevauchées dans
la plaine, ni le doux repos dans des réduits pleins
de fraîcheur, ni les courses dans la mystérieuse
forêt vierge; à laquelle aussi, les splendeurs de la
nature tropicale formaient un cadre merveilleux,
à laquelle, enfin, l'opulence du Fazendero permettait de donner toutes les satisfactions.

Aussi, les mois se succédaient-ils rapidement,
au milieu des affectueux épanchements auxquels
la verve de Julien, la bonhomie des Perrot, l'érudition d'Alexis donnaient tant de charmes.

Bientôt arriva le moment où les mineurs durent
regagner leur exploitation du Caribou.

Ils attendirent au dernier moment, et s'embarquèrent à Rio pour Colon, *via* Pernambouc,
Para, et Demerara, le chemin de fer de Panama,
et San-Francisco.

Ce fut le premier chagrin ressenti depuis l'arrivée à la Fazenda.

On se sépara en se donnant rendez-vous à
l'année prochaine.

Jacques et Julien restèrent seuls.

Puis, s'écoulèrent les mois d'avril, de mai, et de juin, et Jacques, séparé de l'Europe depuis près de deux ans, parlait plus souvent de la France, de Paris...

— Allons, dit Julien, en souriant, avoue donc que tu es pris de nostalgie.

— Pas positivement, mais je voudrais revoir en grand seigneur cette ville que j'ai habitée comme pauvre diable de rond-de-cuir...

» Paris, le vrai Paris, est pour moi plus neuf que la Forêt-Vierge.

— Tu en seras bientôt dégoûté.

— Je l'espère bien.

» Ce que je désire surtout, c'est me déplacer, courir le monde, et refaire un peu mon organisme qui, à la longue, s'énerverait sous le tropique.

» Puis, enfin, jouir des contrastes et revenir ici.

— A la bonne heure, tu es dans le vrai.

» Nous sommes en ce moment au 8 juillet, nous ne pouvons prendre que le paquebot du 15 août.

» Es-tu décidé à affronter l'eau salée?

— Absolument.

— Eh ! bien, soit, nous partirons dans cinq semaines.

Jacques tint héroïquement parole. A jour dit, il prit passage avec Julien sur un des magnifiques

bateaux de la Compagnie transatlantique et at-
tendit intrépidement l'appareillage, pendant que
Julien se livrait à d'interminables expéditions de
télégrammes internationaux.

Bientôt, le sifflet mugit, l'immense machine
s'ébranla, et Jacques qui guettait avec anxiété les
symptômes précurseurs du mal de mer, sentit
au creux de l'estomac un petit chatouillement et
déclara... qu'il mourait de faim.

— Bravo ! fit Julien à cette singulière manifes-
tation de l'ennemi, descendons à la salle à manger.

Jacques dévora littéralement avec un appétit de
requin, et but en proportion.

Après cette laborieuse absorption, il se rendit à
sa chambre sans la moindre embardée, se coucha
et dormit douze heures sans désemparer.

La faim le réveilla...

On était alors en pleine mer, et bien que le
tangage et le roulis fissent merveille, Jacques
amariné comme un vieux gabier de beaupré, se
mit à évoluer comme sur terre, après avoir re-
nouvelé ses exploits gastronomiques de la veille.

Cette curieuse immunité pour un mal auquel
les huit dixièmes des passagers paient, le premier
jour, un tribut plus ou moins douloureux, ne se
démentit pas un moment.

Bien mieux, en obliquant vers les côtes d'Afrique, le paquebot trouva une mer démontée, avec un vent du large soufflant en tempête, áu point qu'il fut contraint de se mettre à la cape, la violence de l'ouragan et la force des lames l'empêchant de faire la route.

La plupart des voyageurs durent se claquemurer dans leurs chambres, tant furent violents les ravages du mal de mer.

Julien lui-même eut la migraine !

Seul, Jacques conserva son imperturbable sérénité d'homme qui boit, mange et digère en paix.

La tempête dura douze jours et douze nuits, sans que l'équilibre viscéral de Jacques fût même un instant compromis.

Enfin, le navire arriva au Havre avec quatre jours de retard.

On était au 15 septembre.

Les deux amis descendaient à Paris, à la gare Saint-Lazare, à huit heures du soir, après une absence de deux années révolues, et un tour du monde assez mouvementé.

— Où allons-nous? demanda Jacques, au Grand-Hôtel, ou chez moi?

» Car, j'ai toujours mon pigeonnier de la rue Durantin.

— Nous allons au café Anglais, si tu n'y vois pas d'inconvénients.

— Bien au contraire, et la tradition l'exige.

» Ne fût-ce que pour rire de mon enlèvement si lestement opéré, il y a deux ans, après mon dîner, de mon emballage pour Berlin, et des premiers débuts du colis humain voyageant par terre...

ÉPILOGUE

S'il est au monde une chose désagréable, c'est d'avoir le sommeil brutalement interrompu par le ronflement métallique d'un réveille-matin. Ces trépidations incessantes, absurdes, lancinantes, vous détraquent la cervelle, effarouchent le rêve chatoyant, et lui font succéder le cauchemar de la vie réelle qui commence par une chose absolument contre nature : un lever prématuré.

Jacques Arnaud en était là de ses réflexions, quand s'éveillant tout à fait dans son petit appartement de la rue Durantin, il vit toutes sortes d'objets familiers, immuablement rangés avec cette minutie tatillonne de rond-de-cuir doublé d'un vieux garçon et entendit une voix bien connue lui dire d'un ton engageant, pendant qu'une main lui présentait l'affreux breuvage dont la formule est résolue par un mélange de chicorée et de lait parisien :

— Le café au lait de monsieur.

— ... Hein !... Vous dites !...

» Mais... Comment... Je suis...

» Mille millions de tonnerres !... c'est vous, Geneviève, et je suis... rue Durantin...

— Oui, monsieur, répondit la vieille gouvernante...

— Quel jour sommes donc ?

— Mais, monsieur, c'est aujourd'hui le 16 septembre...

— Et c'était hier...

— Le 15, apparemment...

— Ce n'est pas là ce que je veux dire...

» Je suis fou ! ma tête se perd...

» Hier, je débarquais au Havre !... Je venais du Brésil...

» ... 16 septembre !...

Son regard rencontra, en ce moment, un calendrier à feuilles volantes, sur lequel s'étalait en gros chiffres le nombre 15...

Il se leva d'un bond, sans souci de la présence de Geneviève, courut au calendrier, et eut un véritable cri de désespoir en lisant : 1878 — 16 septembre.

— Le 16 septembre !... 1878 !

» Ai-je donc vécu deux ans en une seule nuit !... dit-il en s'habillant avec une précipitation furibonde... ou plutôt cette formidable équipée ne serait-elle qu'un rêve ?

» Serais-je encore le rond-de-cuir qui, tout à l'heure, va se hisser sur l'impériale de l'omnibus de la place Pigalle... pour se rendre à son bureau ?...

» Mais, alors, notre course à travers le monde, la captivité en Sibérie, la chute au fond de la Chandouga, l'hivernage chez les Tchoucktchis, la rencontre du professeur Nordenskiöld, la lutte finale aux îles Diomède, ma traversée de l'Alaska en ballon, les mines d'or du Caribou, les frères Perrot, la Californie, le colonel Buttler et mon coup de poing épique, le Mexique, Panama, la léproserie, l'Écuador, le Pérou, le commandant Anglais, la traversée du lac Titicaca... l'arrivée à Jacquari-Mirim, et la scène de meurtre qui couronna cette odyssée... tout cela ne serait qu'un rêve !...

» Un rêve !... allons donc, c'est impossible.

» Je suis cependant rue Durantin... et Geneviève m'apporte mon café au lait, au moment où cet outil stupide, dénommé réveille-matin, vient de faire son tapage...

» Un rêve !... Mais, un rêve ne peut pas laisser des impressions aussi nettes, en dépit de leur multiplicité...

» Enfin, il ne communique pas cette énergie que je me sens au cœur, et que je ne possédais pas avant d'avoir bourlingué sur terre et sur mer...

» Et pourtant, nous sommes le 16 septembre...

—... Mil huit cent quatre-vingt!... interrompit une voix bien connue, à travers l'entre-bâillement de la porte qui s'était ouverte sans bruit...

» Bonjour, voyageur! fit gaiement Julien qui apparaissait, précédant un vieillard de haute taille, aux traits magnifiques, mais ravagés par la souffrance, et portant l'empreinte d'une irrémédiable tristesse.

» Je n'ai pas besoin de te présenter... vous vous êtes connus dans des circonstances trop dramatiques pour vous oublier jamais...

Jacques poussa un cri de fauve et s'élança dans les bras du nouvel arrivant...

— Le colonel Michaïloff!... notre sauveur.

» Ah! je n'ai donc pas rêvé...

» Libre!... Vous êtes libre!...

— Mais, hélas! banni, répondit le vieillard.

» La liberté, loin de la patrie, n'est-elle pas une demi-captivité.

— Alexis!... vous savez, colonel... reprit Jacques.

— Le voici! s'écria le jeune Russe qui entrait à la suite du proscrit.

— Ah! çà, interrompit Jacques littéralement abasourdi, d'où sortez-vous donc?

» Je vous croyais au Caribou et vous me faites cette heureuse surprise...

» Il ne manquerait plus maintenant que de voir débarquer Perrot.

— Il n'y aurait rien d'étonnant à cela, allez, monsieur.

» Et si vous voulez voir un homme ravi de se trouver dans le « vieux pays » le voilà en chair et en os.

Des pas pesants ébranlèrent le plancher, et Jacques, de plus en plus effaré, vit apparaître non pas un, mais trois Perrot, épanouis, radieux, dans leurs habits neufs qui les faisaient ressembler à trois riches fermiers de la Basse-Normandie.

— Mais, tu as donc convoqué le ban et l'arrière-ban de nos amis, reprit Jacques dont la stupeur faisait rapidement place à une gaieté nerveuse.

Il ne manque plus que master Anderson, le bourgeois de Noulato, qui est peut-être aussi là, dans mon salon.

— Voici une lettre où il m'annonce que la débâcle du Youkon, compliquée cette année d'une inondation terrible, a retardé son voyage d'un mois.

» Comme il n'avait plus de ballon, il n'a pas pu traverser le fleuve en employant ton procédé.

» Sans cet incident, il serait parmi nous.

» Quant au commandant de la *Scottia*, sir Colin Campbell, il s'excuse par dépêche de ne pouvoir assister au dîner monstre que tu nous offres ce soir.

» Je viens de recevoir cette dépêche d'Australie.

— Ah! Je comprends tout, maintenant.

» Tu as, hier soir, réédité les incidents qui ont jadis présidé à mon départ, mais, en sens inverse, depuis le dîner au café Anglais...

— Terminé par un narcotique et ton ascension au petit appartement où depuis deux ans attendait la fidèle gouvernante.

— La plaisanterie est amusante, mais j'ai éprouvé tout à l'heure, en m'éveillant ici, une des plus poignantes angoisses de ma vie.

» Pense donc, me retrouver rond-de-cuir!

» C'était à perdre la tête, ou à mourir de saisissement.

» Heureusement que tu n'as pas tardé à me produire les preuves vivantes de notre voyage de *Paris au Brésil par terre*.

FIN

TABLE DES CHAPITRES

CHAPITRE PREMIER

CHAPITRE II

CHAPITRE III

CHAPITRE IV

CHAPITRE V

CHAPITRE VI

CHAPITRE VII

CHAPITRE VIII

CHAPITRE IX

CHAPITRE XII

CHAPITRE XIII

CHAPITRE XIV

CHAPITRE XIX

CHAPITRE XX

FIN DE LA TABLE

ÉMILE COLIN. — IMPRIMERIE DE LAGNY.

www.ingramcontent.com/pod-product-compliance
Lightning Source LLC
Chambersburg PA
CBHW051252060726
47596CB00001B/82